高校心理健康教育理论与实践研究

潘璐明　著

延边大学出版社

图书在版编目（CIP）数据

高校心理健康教育理论与实践研究 / 潘璐明著. --
延吉 ： 延边大学出版社，2023.9
ISBN 978-7-230-05474-4

Ⅰ．①高… Ⅱ．①潘… Ⅲ．①高等学校－心理健康－
健康教育－研究 Ⅳ．①G444

中国国家版本馆CIP数据核字(2023)第174943号

高校心理健康教育理论与实践研究

著　　者：潘璐明
责任编辑：韩亚婷
封面设计：文合文化
出版发行：延边大学出版社
社　　址：吉林省延吉市公园路977号　　　邮　　编：133002
网　　址：http://www.ydcbs.com　　　E-mail：ydcbs@ydcbs.com
电　　话：0433-2732435　　　传　　真：0433-2732434
印　　刷：廊坊市广阳区九洲印刷厂
开　　本：710×1000　1/16
印　　张：13.75
字　　数：220 千字
版　　次：2023 年 9 月 第 1 版
印　　次：2023 年 9 月 第 1 次印刷
书　　号：ISBN 978-7-230-05474-4

定价：78.00元

前　言

　　面对经济全球化、政治多极化、文化多元化的国际形势，伴随国内改革开放的不断深入，我国社会的各个领域都迎来了新的竞争和挑战。这种社会环境的变化在给高校学生带来多方面发展机遇的同时，也给他们带来了更大的心理压力。高校学生在校园中会面临适应、人际交往、情绪等诸多问题，如果不能够处理好这些问题，就会对自身的心理健康产生不利影响，严重者甚至会出现心理障碍或心理疾病。

　　心理健康是健康的重要组成部分，为提升全民心理健康素养，解决高校学生成长中的心理困惑，本书以高校学生为研究对象，剖析其心理发展特点，紧密围绕高校学生心理成长重要课题，按照理论与实践相结合的思路，对高校学生心理健康教育展开研究。

　　本书共分九章。第一章对心理健康的相关内容进行了论述；第二章分析了高校心理健康教育的理论基础；第三章分析了高校心理健康教育的目标、内容与措施；第四、五、六、七、八章分别对高校学生的自我意识、人格教育、学习心理、情绪管理、人际交往进行了深入分析；第九章结合具体案例，详细分析了高校学生经常出现的心理危机处理过程，并总结了相关经验。

　　笔者在撰写本书的过程中，参考了大量的文献资料，在此对相关文献资料的作者表示由衷的感谢。此外，由于笔者时间和精力有限，书中难免会存在不足之处，敬请广大读者和各位同行予以批评、指正。

潘璐明

2023 年 5 月

目　录

第一章　心理健康概述

第一节　心理健康的内涵和特点

一、心理健康的内涵

心理健康是一个非常复杂的概念，这一概念因受不同社会制度、民族风俗、传统习惯、道德观念等因素的影响，而有不同的内涵。

另外，心理健康与不健康之间事实上并没有鲜明的界限。要想了解心理健康，首先要了解什么是心理，什么是健康。

（一）心理

什么是心理？人的心理是怎么产生的？这些问题同哲学的根本问题密切地联系着，所以对心理的理解历来存在唯心主义和唯物主义两种根本对立的观点。辩证唯物主义认为，心理是人脑对客观现实的主观反映，人脑是产生心理的器官，客观现实是心理的源泉，心理是在人的实践活动中发生、发展的。

1.心理是指生物对客观物质世界的主观反映

人的心理现象包括心理过程和个性心理两个方面。通常，人的心理活动都有一个发生、发展、消失的过程。人们在活动的时候，通过各种感官认识外部世界的事物，通过头脑的活动思考事物之间的因果关系，并伴随着喜、怒、哀、乐等情感体验。这折射着一系列心理现象的整个过程就是心理过程。心理过程可分为三个方面，即认识过程、情感过程和意志过程，简称知、情、意。

心理过程是人类心理活动的一般过程，但是一般过程总是通过个性心理表现出来，不同个性的心理活动在体现人类心理活动的一般过程中总是表现出自身的特点，并带有经常、稳定的性质。这种在个体身上经常地、稳定地表现出来的心理特点，被称为个性心理特征。所谓个性，是指个体带有倾向性的、本质的、稳定的心理特征的总和，是一个人的总体精神面貌。

2.心理是人脑的机能

人的心理不是一般物质的运动，而是人的机体，首先是人脑这种以特殊方式组织起来的物质的活动过程。人一旦离开脑就不存在心理活动，无脑的或患有脑缺陷的婴儿不能发展或不能健全发展心理。人脑的不同区域有相对的分工，各有不同的作用，某一区域的损伤或病变会招致与之相应的功能的紊乱甚至丧失。

人的机体，特别是人脑如何产生心理的问题，还没有得到彻底的、科学的解答。以最简单的心理现象——感觉为例，这是事物的刺激作用转化为意识的事实。科学证明了心理现象和生理现象的联系，却还未能说明心理现象如何产生。

3.心理是客观现实的反映

心理是人脑的机能，并不意味着人脑本身能单独产生心理。人脑是反映外界的物质器官，是人的心理产生的自然前提。它提供了人的心理产生的可能性，而要把这种可能性变为现实，必须依靠外界的客观现实。

心理所反映的客观现实可以分为两个方面：一方面是自然事物，另一方面是社会事物。自然事物，如星球和宇宙空间，地球上的江、河、湖、海、山岳和原始森林等。社会事物，如同伴、家庭、学校，以及其他各种人的集体和其中的人与人的关系，还包括其他各种属于文化的事物。

自然事物与社会事物之间的关系是密切而复杂的。一方面，为人类所认识的自然事物就已经不只具有单纯的客观自然事物的意义。许许多多的自然事物已受到人类或多或少的改造，打上了人类活动的印记。所以，许多客观的物质事物对人的作用，除了要依存于它自然的物质力量，还依存于甚至决定于它的社会意义。另一方面，社会现象也是以物质运动的形式存在的，社会的各种关系必须通过物质的形式作用于人，制约人的心理。人对自然事物的反映，往往不是针对某一简单的、孤立的事物，而是针对某一事物与周围诸多事物所构成的整体，而且在特定的条件下，有某一个或几个事物起着主导作用。人作为自然实体的同时又可以作为社会实体，反映的是一种整体性的社会情境。

（二）健康

《现代汉语词典》（第 7 版）对"健康"一词的解释：（人体）发育良好，机理正常，有健全的心理和社会适应能力；（事物）情况正常，没有缺陷。健康是人生最大的财富。人只有处于健康的状态，才能有效率地工作、学习和社交。

在不同的社会发展水平下，人们对健康的认识是不同的。在生产力发展水平低下的时期，人们主要依靠体力同自然作斗争，只要躯体没有疾病，有能力进行劳动，就是健康的。随着现代医学的发展，人们逐步认识到人的整体性，以及人与环境的密切关系，人们对健康的认识发生了实质性变化。

现代社会越来越重视人的生命质量和生活质量，认为一个人的生理和心理都处于完备状态，才算是真正的健康。心理健康成为人体健康不可缺少的组成部分，无数科学事实和实践经验都表明，人的生理健康与心理健康是相互影响、相互依存的。正常情况下，生理健康是心理健康的基础，心理健康反过来又能促进生理健康。比如，躯体的疾病或损伤会导致心理活动的缺失或障碍，而不良的情绪和恶劣的心境又会影响躯体的健康。

21 世纪，人类的健康是生理健康、心理健康、社会适应良好与道德健康的完美整合。其中，生理健康是物质基础，心理健康与社会适应良好是重要表现，而道德健康则是整体健康的统帅。可见，随着社会的发展，健康的内涵丰富了，外延也拓展了。长期以来，人们只注重生理健康，而忽略了心理健康，甚至以为心理不健康不是疾病，而是"精神不正常"等。实际上，人体是生理与心理的统一体，二者相互关联、不可分割。

关于心理健康的含义，国内外专家有过不少的研究和论述。心理学家英格利士（H. B. English）认为，心理健康是指一种持续的心理情况，当事者在那种情况下，能有良好的适应，具有生命活力，而且能充分发挥其身心的潜能。精神病学家门宁格（K. Menninger）认为，心理健康是指人们对环境及相互间具有最高效率及快乐的适应情况，心理健康者应当保持稳定的情绪、敏锐的智力、适于社会环境的行为和愉快的气质。

我国学者认为，心理健康的人通常具有正常的精神状态和社会活动，能够在社交、生活方面与其他人保持较好的沟通与配合，能妥善处理生活中发生的意外情况。从广义上讲，心理健康是一种高效而满意的、持续的心理状态；从狭义上讲，心理健康是知、情、意、行的统一，是人格完善和社会适应良好。

联合国世界卫生组织对心理健康的定义是：心理健康不仅指没有心理疾病或变态，不仅指个体社会适应良好，还指人格的完善和心理潜能的充分发挥，也指在一定的客观条件下将个人心境发挥到最佳状态。

综合以上观点，心理健康是指个体心理功能良好、心理活动协调一致，在身体上、心理上以及社会行为上都能保持良好的状态。心理健康强调的是和谐、适应；心理健康是一种状态，而不是结果。正如美国著名的心理学家罗杰斯（C. R. Rogers）所说："美好的人生是一个过程，而非一种存在状态；它是一个方向，而非一个目的地。"

（三）心理健康

对心理健康的理解，一直存在多种认识。第三届国际卫生大会认为，心理健康是指在身体、智能及情感上与他人的心理健康不相矛盾的范围内，将个人的心境发展到最佳状态。《简明不列颠百科全书》中指出，心理健康是指个体心理在本身及环境条件许可范围内所能达到的最佳功能状态，而不是指十全十美的绝对状态。日本学者松田岩男则认为，心理健康是指人对内部环境具有安定感，对外部环境能以社会认可的形式适应的一种心理状态。我国学者林崇德认为，心理健康包括两个方面的含义，其一是没有心理疾病；其二是具有一种积极向上发展的心理状态。

在本书中，我们将心理健康定义为心理素质的健康发展，即个性特征趋于完善，能适应当前环境，认知、情绪和意志处于积极状态，并且能自行调控，以充分发展自己的潜能。在一定意义上，心理健康是一种持续的、能动的心理状态。

二、心理健康的特点

（一）相对性

个体的心理是否健康，要考虑文化、年龄、性别、社会身份、情境等各种因素。某些行为发生在孩子身上是正常的，但发生在成年人身上则是不正常的；某些行为在特定的社会背景和条件下是正常的，但在其他社会背景或一般情况下出现则是不正常的。例如，一个三四岁的孩子当众哭闹撒娇，人们不会感到奇怪；若一个二十岁的小伙子如此，人们则会认为他不正常。

（二）动态性

心理健康水平会随着个体的成长、环境的改变、经验的积累而发生变化。人的心理世界是复杂多样的，任何一个心理健康的人，都可能有突发的、暂时的心理异常。当一个人出现了心理困扰，如果能及时调整情绪、改变认知、纠正不良行为，则很快会解除烦恼，恢复心理平衡。反之，如果个体不注意心理保健，则心理健康水平就会下降，甚至产生心理疾病。

（三）连续性

心理健康与不健康之间并没有一个明确的界限，而是呈一种连续甚至交叉的状态。人群总体健康程度呈正态分布，中等健康水平者居多。真正完满的健康状态是一种理想，只有少数人或人们在个别情况下才能达到。

第二节　心理健康的标准

判定一个人的心理是否健康需要有具体的标准作为衡量依据。给心理健康定标准并不是一件简单的事情，心理健康不比身体健康，人类迄今还难像检查身体那样检查心理是否健康。身体健康不健康可以通过客观数据说明问题，这些数据可以通过一系列的科学检查得到。但许多心理现象和心理规律尚处于未知或所知不多的阶段，并且由于受到不同的认知体系、价值观念等的影响，至今尚无心理学研究者公认的、科学的心理健康标准体系。

不少西方心理学家根据各自的心理学理论，提出了不同的心理健康标准，下面列举的是对我国有较大影响的几种观点。

美国人格心理学家奥尔波特（G. W. Allport）提出的心理健康的六条标准：①力争自我的成长；②能客观看待自己；③人生观的统一；④有与他人建立和睦关系的能力；⑤人生所需的能力、知识和技能的获得；⑥具有同情心，对生命充满爱。

美国心理学家马斯洛（A. H. Maslow）等人提出的心理健康的十条标准：①充分的安全感；②充分发掘自己并对自己的能力作适当的估价；③生活的目标能切合实际；④与现实环境能保持接触；⑤能保持人格的完整与和谐；⑥具有从经验中学习的能力；⑦能够保持良好的人际关系；⑧适宜的情绪表

达及控制；⑨在不违背团体要求的情况下，能保持有限度的个性发展；⑩在不违背社会规范的前提下，能适当地满足个人的基本需求。

西方心理学家提出的标准与他们的心理学理论研究密切相关。例如，奥尔波特是人格心理学家，对人格研究很有建树；马斯洛是人本主义心理学的代表人物，他提出的心理健康标准具有浓厚的人本主义色彩。

下面是心理健康的七项标准。这七项标准也是所有心理健康标准说法中普遍为各国心理学家所认同的。

一、正常的智力水平

智力是衡量一个人心理健康与否的重要标志之一。正常的智力水平是一个人生活、学习、工作的基本心理条件。智力不是某种单一的心理成分，而是观察力、记忆力、注意力、想象力、思维能力以及实践活动能力的综合（其中思维能力是核心），是大脑活动整体功能的体现。虽然目前还没有非常完善的测定智力的方法，但已有人发明了相对实用的智力量表。

智力低下的人很难适应正常的社会生活，很难完成正常的学习或工作任务。对外界刺激的反应过于迟钝，出现妄想、幻觉等，都是智力不正常的表现。

二、健全的人格

人格是一个人所具有的稳定的心理特征的总和，是一个人的整体精神面貌，具体是指一个人在适应社会生活的过程中所表现出来的对自己、对他人、对外界事物的个性特征。人格的各种要素不是孤立存在的，它们有机结合而形成一个整体。健全的人格是指构成人格的诸要素（如气质、能力、性格、理想、信念、人生观等）均能平衡、健全发展。

三、较强的社会协调性

较强的社会协调性是指一个人能够根据客观环境的需要，不断调整自己的身心，达到与客观环境和睦相处的协调状态。较强的社会协调性主要表现在以下三个方面。

（一）较强的人际关系适应能力

能够正确对待、处理和协调好各种人际关系，是衡量和判断社会协调性的关键，是心理健康的重要标准之一。

（二）较强的自然环境适应能力

任何一个心理健康者，尤其是青年人，都应该具备在各种自然环境中生存的能力。

（三）较强的适应不同情境的能力

情境是指个体行为所发生的现实环境与氛围，分狭义情境和广义情境两种。狭义情境是指个体心理活动和行为发生的场所、氛围，交涉对象的态度、情绪等，如考核、演讲、比武等场合；广义情境是指宏观的社会历史进程、国际形势等。心理健康者能够在各种情境中保持心理平衡。

四、稳定适中的情绪和情感

激烈的情绪波动，如欣喜若狂、悲痛欲绝、暴跳如雷、激动不已等，以及长时间的消极情绪，如悲伤、忧虑、恐慌、惊吓、暴怒等，可能导致个体心理失衡。这类情绪不仅可能影响个体的认识和行为，而且可能造成个体的生理机能紊乱，导致各种躯体疾病。因此，保持稳定适中的情绪和良好的心境，也是心理健康的重要标准之一。

心理健康者能保持愉快、乐观、开朗的心境，对生活和未来充满希望。当然，心理健康者也会有悲、忧、哀、愁等消极情绪，但总能主动调节，同时能控制情绪表达，做到喜不狂、忧不绝、胜不骄、败不馁。

五、健全的意志品质、协调的行为

个体确定自己的目标，支配自己的行动，努力实现这个目标的心理过程就是意志。受意志支配和控制的行为，即意志行为。

通过以下四种心理品质，可以衡量一个人意志品质的高低、强弱、健全与否：①果断。善于迅速明辨是非，合理决断和执行的心理品质。②自觉。对自己行动的目的和意义有着明确的认识，能够主动地支配和调节自己的行动，使之符合预定目的。自觉性强的人，既能独立自主地按照客观规律支配和调节自己的行为，又可以不屈从于周围环境的压力，坚定地达成目标。懒惰、盲从和独断是与自觉相反的意志品质。③自制、自控。善于促使自己执行已作出的决定，排斥与决定无关的行为，克制自己的负面情绪和冲动行为。④坚韧。坚持自己的决定，百折不挠，能够克服困难以达成目标。

9

六、和谐的人际关系

和谐的人际关系既是心理健康的重要标准，也是维持心理健康的重要条件之一。人际关系和谐有以下具体表现：①在人际交往中，心理相容，互相接纳、尊重，而非心理相克，互相排斥或贬低；②对他人情感真挚，而非冷漠无情；③懂得奉献，以集体利益为重，而非损人利己。

七、心理特点符合心理年龄

每个人都有三种年龄：实际年龄、生理年龄和心理年龄。

实际年龄是指人的自然年龄。

生理年龄是指人生理发育成长所呈现出来的年龄特点，与实际年龄往往有差别。如果一个人营养不良，那么其生理发育就迟缓，可能导致生理年龄小于实际年龄。

心理年龄是指人的整体心理状况所呈现出的年龄特征，与实际年龄也不完全一致。人的一生可以分为八个心理年龄期：胎儿期、乳儿期、幼儿期、学龄期、青少年期、青年期、中年期、老年期。人在不同的心理年龄期具有不同的心理特点。比如，人在幼儿期天真活泼；在青少年期自我意识增强，心理活动较多；到了心理老年期，心理倾向成熟稳定，但身心功能弹性降低，容易变得忧郁。

心理特点符合心理年龄主要有两个标准：一是个体的实际年龄应当与心理年龄、生理年龄相符；二是个体在不同的心理发育期应表现出相应的心理特征。

第三节　影响心理健康的因素

影响心理健康，导致心理障碍或心理疾病的因素是复杂多样的。根据性质的不同，各种影响心理健康的因素可以分为生物遗传因素、心理环境因素和社会环境因素三大类。根据功能的不同，各种影响心理健康的因素可以分为内部因素与外部因素两大类。

内部因素是影响一个人心理健康状况的内在原因，外部因素是影响一个人心理健康状况的外在诱因。内部因素是决定人的心理状况的本质原因；外部因素是通过内部因素发生作用的，它使人的心理健康状况的变化具有现实性。比如，同样紧张的学习生活和较大的学习压力，对心理素质较好的学生来说，可能会激发其更高的学习热情；而对心理素质较差的学生来说，则有可能使其过度焦虑，甚至产生心理障碍。

一、内部因素

内部因素是一个人自身所具有的内在和主观的因素，主要包括生物遗传因素和心理状态因素两大类。

（一）生物遗传因素

生物遗传因素又可以细化为遗传因素、化学中毒或脑外伤、病菌或病毒感染，以及躯体疾病或生理机能障碍等类型。

1.遗传因素

人的心理活动或心理健康状况是不能遗传的。但是，人是一个身心交融的整体，身体特征受遗传因素的密切影响，特别是一个人的躯体、气质、智力等，受遗传因素的影响较为明显，而心理也是受遗传影响的。调查结果显示，精神疾病的发病率与血缘有着明显的关系：与精神病患者血缘关系越亲近，患病率越高。

2.化学中毒或脑外伤

有害化学物质侵入人体，可能毒害人的中枢神经系统。如一个人食物中毒、煤气中毒、乙醇中毒、药物中毒等，可能导致其心理障碍或精神失常；脑震荡、脑挫伤等脑外伤也可能导致其意识障碍、遗忘症、言语障碍、人格改变等问题。

3.病菌或病毒感染

人如果患了斑疹伤寒、流行性脑炎等传染病，就会由于病菌、病毒损害神经组织结构而出现器质性心理障碍或精神失常。如果患者是幼儿，则可能影响其心理发展，造成智力迟滞或痴呆。

4.躯体疾病或生理机能障碍

躯体疾病或生理机能障碍也是影响人心理健康的因素之一。例如，如果患有内分泌机能障碍，尤其是甲状腺机能混乱、机能亢进，患者往往出现暴躁、易怒、敏感、情绪冲动等心理异常表现。若肾上腺素分泌过多，则可能出现躁狂症；而肾上腺素分泌不足，则可能患上抑郁症。

（二）心理状态因素

一个人的心理状态一旦成型，就可预测其以后的心理发展和变化。心理状态因素包括认知因素和情绪因素等。

1.认知因素

认知过程就是信息的获得、储存、转换、提取和使用的过程。个体的认知因素涵盖范围很广，包括感知、记忆、注意、思维、想象、言语等。认知因素之间是相互影响的。倘若某一认知因素发展不正常或某几种认知因素之间的关系失调，就会产生认知的矛盾和冲突，从而使人感到紧张、烦躁和焦虑。认知因素之间的失调程度越严重，则人们减轻或消除认知失调、维持认知平衡的期望就越强烈。如果这种期望长时间得不到满足，就可能使人产生心理障碍。认知的严重失调还可能导致人格分裂或变态。

2.情绪因素

人的情绪体验是维持身心健康的重要因素，是一个人生存和适应社会的内在动力，它是多维度、多成分和多层次的。波动而消极的情绪状态，往往使人心情压抑、精力涣散、身体衰弱；稳定而积极的情绪状态，则往往使人心情愉快、精力充沛、身体健康。所以，消除不良情绪，对人的身心健康是十分重要的。

3.性格因素

每个人或多或少地存在一些性格问题，如孤僻、懦弱、敏感、多疑、固执、暴躁等，这些性格问题会给人们带来三个方面的影响：一是出现适应不良的现象，尤其是难以处理人际关系；二是影响学习效率、工作绩效和生活质量；三是容易诱发一些心理疾病。

容易诱发心理疾病的性格被医学专家称为易感性素质。例如，具有胆怯、自卑、敏感、多疑、依赖性强、缺乏自信、主观任性、急躁好强、自制力差等性格特征的人，容易患神经衰弱；具有优柔寡断、谨小慎微、犹豫不决等性格特征的人，容易患强迫症。

二、外部因素

外部因素是影响人的心理健康的外在的、客观的因素，主要包括家庭因素、社会因素和学校因素三大类。

（一）家庭因素

人的心理健康状况，尤其是对儿童来说，受家庭因素的影响很大。大量研究表明，不良的家庭环境容易造成家庭成员的心理异常。

不良的家庭因素主要包括：家庭关系不良，如父母关系、婆媳关系、兄弟姐妹关系不和谐，家庭情感冷淡，矛盾冲突迭起等；家庭成员残缺，如父母死亡、父母离异或分居、父母再婚等；家庭教育存在误区，如专制粗暴、溺爱娇惯等；家庭变迁以及出现意外事件等。

（二）社会因素

政治、经济、文化、教育、社会关系等属于影响人的心理健康的社会因素。其中的各种不健康的思想、情感和行为会严重损害人的心理健康。社会因素对一个人的生存和发展几乎起着决定性作用，尤其在今日，人与人之间的交往日益广泛，社交媒体的作用越来越大，矛盾、冲突、竞争加剧，所有这些都会加重人们的心理负担，不利于人们的身心健康。

（三）学校因素

学校因素主要是针对学生来说的，主要包括学校教育条件、学习条件、生活条件，以及师生关系、同伴关系等。学生的大部分时间是在学校中度过的，学校是学生学习、生活的主要场所，所以学校生活对学生心理健康的影响极大。学校因素中的种种条件和关系，如果处理不当，就会影响学生的心理健康。例如，校风学风不良、教育方法不当、学习负担过重、同学关系不和等，都可能使学生焦虑、抑郁。

上面提到的这些因素既相互独立又相互制约，对一个人的心理健康起协同作用，而且这种协同作用要超过单个因素作用的简单相加。所以，在诊断一个人是否有心理失调、心理障碍或心理疾病时，应必须充分考虑各种因素的作用。只有这样，才能全面、正确地作出诊断，进而采取有效的措施进行心理调适和治疗。

第二章　高校心理健康教育的
理论基础

第一节　精神分析理论

精神分析理论是由奥地利著名精神病学家弗洛伊德（S. Freud）创立的一种心理学理论，因此该理论又称为"弗洛伊德主义"。它以人们的无意识为主要研究对象，曾经是心理咨询与治疗实践中的主导理论，现在仍然具有重要影响。

一、主要理论观点

弗洛伊德的理论以无意识作为研究对象，把性本能作为人的心理活动与发展的基本动力。以无意识和性本能为核心，结合行为因果律（即人的心理与行为均有前因后果）和能量驱动律（即人的心理与行为受能量活动规律制约），对人的心理水平、人格结构、心理发展进行了系统阐述。

（一）心理水平理论

弗洛伊德认为，人的精神生活包括意识、前意识和无意识三种。人的意识体验和行为表现是心理结构内部斗争的结果。

1.意识

意识是人本身能够认知的部分。它直接引发人们的行为，但不是行为的原动力。人们可以了解它，也可以控制它。在弗洛伊德的理论中，这一部分不具有重要地位，只不过是一个人心理活动的有限的外显部分。

2.前意识

前意识介于意识与无意识之间，其中所包含的内容是可由无意识召回到意识部分中去的，即其中的经验通过回忆是可以记起来的，其中的观念可以说暂时不属于意识，但随时能够变成意识。

3.无意识

无意识又叫潜意识。这个词有两层含义：一是指人们对自己一些行为的真正原因和动机不能意识到；二是指人们在清醒的意识下面还进行着潜在的心理活动。后一种含义的无意识包含了各种为人类社会伦理道德、宗教与法律所不能允许的原始的、动物性的本能冲动，以及与各种本能有关的欲望，还有童年期的大量经验。这些无法得到满足的感情经验、本能欲望与冲动被意识压抑到无意识之中，但它们并不肯"安分守己"地待在那里，而是在无意识中积极地活动着，不断地寻找出路，追求满足，具有强大的能量。它影响着人们生活的方方面面，是每个人身上最强大、最有力的部分。

无意识中的各种本能冲动或动机、欲望一直都在积极活动之中，有时还很急迫，力求在意识的行为中得到表现。但是，由于它是为社会伦理道德、宗教、法律所不能允许的冲动，所以当其出现时，人的焦虑感、羞耻感和罪恶感也会随之出现。弗洛伊德认为，无意识的动机都是向上运动的，向外推的，而意识却施以相反的力量，向下、向内紧压。

压抑的功能，就是把主体的经历和回忆、各种欲望和冲动保存和隐藏起来，不让它们在意识中出现。但这些东西并没有消失，而是一直潜伏着、活动着，在压抑的作用下存在于无意识之中。

弗洛伊德认为，病态的压抑可能导致心理疾病，表现为各种类型的神经症和精神病。他还认为，精神疾病是由于被压抑到无意识中的心理冲突造成的。正是由于当事人意识不到的潜在心理动力影响着他的外部行为，所以强迫症、恐惧症等神经症患者表面荒谬不可理解的行为，实际上都有其"隐意"，只是自己觉察不到而已。精神分析就是要找出病人无意识中的"症结"，使之意识化。

（二）人格结构理论

弗洛伊德于 1923 年发表了《自我与本我》一书，提出了人格结构包括自我、本我和超我，确立了有关人格结构的学说。

1.本我

本我是指与生俱来的无意识结构部分，是由一切本能冲动所组成的。它是人格结构中最原始、最模糊、最难接近的部分。弗洛伊德把本我形容成混混沌沌的，一口充满了本能和欲望的沸腾的大锅，具有强大的非理性的心理能量。

本我遵循初级思考方式，它对事物演变不考虑逻辑关系，只以感情欲望为标准；它缺乏客观性和时空概念，常常以动作的形式表现出来，不辨别优劣，不顾及道德，即它对任何社会规范都是无知的。在动机术语中，本我由快乐原则支配，即只遵循快乐原则，目的在于争取最大的快乐和最小的痛苦。

弗洛伊德认为，婴儿的人格结构完全属于本我。因为一个人在婴儿时期几乎没有什么社会观念，全凭着各种本能的驱遣，毫无顾忌地追求满足。"快乐原则"是这一时期的唯一原则。

2.自我

自我是在儿童心理发展过程中，随着年龄的增长，逐渐从本我中分化出来的。也就是说，自我是人格中的意识结构部分，是来自本我，经外部世界影响而形成的知觉系统。

婴儿刚出生时，只有本我。随着生长发育和年龄的增长，周围的环境对儿童的影响日渐加深。这个时候的儿童懂得了不能完全按照快乐原则去追求满足，因为这种直接的追求是现实所不允许的。这样，他逐渐学会了既要寻求快感，获得满足，又要适应社会生活环境，避免受到惩罚所带来的痛苦。于是儿童就开始把纯主观的世界分成一个主观的内部世界和一个客观的外部世界。

弗洛伊德把从本我中分化出来的这一部分叫作"自我"。环境的限制使本我不能得到满足，自我便遵循现实原则，感知自身的需要，估量现实条件，在不危及个体和环境的前提下，尽量满足本我的欲望。

心理的成熟就意味着本我向自我的转化，即以现实思维取代愿望思维。自我负责与现实接触充当仲裁者，在本我和超我之间起中介和防御作用。当自我功能完善时，本我、自我和超我就会成为统一的人格整体，否则会导致心理冲突和疾病。

3.超我

超我是指人格中最文明、最道德的部分。它代表道德的标准和社会期望，包括良心和自我理想两个部分。超我处于人格的最高层，遵循道德（至善）原则，具有判断是非的标准，指导自我，限制本我，达到自我规范。超我和自我都是人格的控制系统，但自我是按照现实条件来控制本我的盲目激情，它虽然延迟本我的满足，但它是服务于本我的；而超我则按社会道德规则企图扼杀来自本我的欲望冲动。

弗洛伊德认为，人格的发展是一个无意识与前意识、意识之间，本我与自我、超我之间的对抗与压抑的过程。如果上述三者保持平衡，就会实现人格的正常发展；如果三者失调乃至破坏，就会导致精神疾病。

在健康的人格中，本我、自我和超我是均衡协调的。本我提供必要的原动力，超我保证正常的人际关系与社会秩序，而自我既秉承超我的要求，又汲取本我的力量，从而适应现实，保持心理平衡。

但是，本我与自我、超我之间通常是存在冲突的。当自我不能满足本我的需要时，本我的原始思维方式就会占据主导地位。当超我的力量过于强大时，它用于防御本我的力量就会过多，也就不能自由地应对环境，获取快乐。当现实条件使自我受到威胁，而自我又不能采取有效的解决方法时，自我就会否认和歪曲现实以减轻冲突或挫折引起的焦虑，这就是所谓的自我心理防御机制。

（三）心理发展理论

弗洛伊德很重视儿童时期的经历对一个人后期生活的影响。他认为个体的人格发展一般经过五个阶段。

1.口腔期阶段（0～1岁）

口腔期又称为自恋期，刚刚出生的婴儿处于口腔期。这一阶段婴儿通过吸吮、咀嚼、吞咽等口部的行为获得生理和心理上的满足。从人格结构来看，这个时期的孩子只有追求欲望满足的本我，自我和超我尚未形成。口腔期的发展任务是通过建立良好的母子关系来帮助孩子形成安全感和信任感。

2.肛门期阶段（1～3岁）

这一阶段幼儿的快感区域主要在肛门部位，排便或者玩弄粪便是主要的快感行为。在这个阶段，幼儿开始接受排便训练，他们第一次经历本能欲望与外界限制的冲突，第一次学习控制自己的欲望，这个阶段对自我和超我的形成与发展具有关键性的作用。儿童在这一阶段的发展任务是认识负面情感，开始自治自律。如果这一阶段能顺利通过，幼儿就可以形成独立、自足的个性，表现为行为果断，心理矛盾较少，无过度的羞耻感。如果这一阶段不能顺利通过，幼儿则可能形成肛门型人格，如肛门期滞留性人格（表现为严守秩序、拘泥小节、吝啬、好收藏、固执）或肛门期攻击性人格（表现为办事马虎、缺乏责任感、散漫、浪费）。

3.性器期阶段（3～6岁）

性器期又称为生殖器期，3～6岁的儿童动作与知觉能力进一步发展，人际交往技巧开始形成。此时，儿童开始关注自身及他人的性器官，注意到两性之间的差别，出现性幻想、手淫，逐渐形成性角色的认同。这阶段的孩子变得依恋父母中的异性一方，对男孩而言是"恋母情结"，对女孩而言是"恋父情结"。男孩会因恋母倾向而惧怕父亲的报复，尤其害怕被阉割，即"阉割焦虑"；而女孩发现自己缺少阴茎，这是她责备母亲的理由，也就是"阴茎嫉妒"，这种嫉妒是女性自卑感的原型。

儿童在本阶段的发展任务是悦纳自己的身体和性别。若这一阶段的冲突不能正常解决，那么日后容易出现性罪恶感、同性恋等问题。

4.潜伏期阶段（6～12 岁）

随着建立较强的抵御恋母情结的情感，儿童进入潜伏期，性的发展呈现一种停滞或者退化的现象。由于前些时期的危险冲动、幻想以及各种记忆被遗忘，潜伏期是一个相当平静的时期，儿童可以有意识地把精力放在社会可接受的活动中，如学习、游戏和运动等。儿童在这一阶段的发展任务是开始社会化，形成社会兴趣和情感。

5.青春期阶段（12～18 岁）

青春期又称为他恋期，兴趣逐渐转向异性，幼年的性冲动复活，性开始成熟。其特征是异性爱的倾向占优势。儿童在这一阶段的发展任务是摆脱父母的影响，获得独立，与异性发展亲密的关系。

弗洛伊德认为，在性心理的发展过程中，如果在某一阶段不能顺利地进行而发生停滞或倒退，就可能导致心理异常。例如，在口腔期阶段，婴儿通过欲望的满足而建立对世界的安全感和对人的基本信赖，如果遇到挫折，就容易变得不信任人，缺乏安全感。同时，通过与其他人（主要是母亲）的关系，肯定自我的界限。由于此阶段婴儿的自我界限与现实感尚未稳固，遇到挫折便会呈现扭曲、幻觉作用投射、否认等心理防御机制。此阶段被弗洛伊德认为是各种精神病发源的关键时期。

弗洛伊德认为，人格是由幼年的经历所决定的，大部分人创伤性的、阻碍成长的经历通常发生在 5 岁之前，而这种经历主要是性心理发展中的障碍。为此，精神分析就是要试图揭示来访者的性心理发展在哪一个阶段遭到破坏，到底曾经发生过什么创伤性的事件。弗洛伊德相信，只要来访者能有知觉地重新经历一次创伤性事件，达到领悟和调整，那么正常的性发展就会重新开始，神经症行为也会逐渐消失。

二、精神分析理论的实践应用

弗洛伊德的理论为心理健康教育、心理咨询与治疗开辟了新的方向，对心理健康教育、心理咨询与治疗的发展具有巨大的影响。

弗洛伊德认为，精神活动与自然界一样，不存在无因之果，不论是正常人还是神经症患者的心理事件，都有它的意义和原因，这种意义和原因可能存在于我们的无意识之中，并不为我们所意识到。无意识的心理冲突导致症状产生，而这些冲突源于早期生活经验的遗留性影响。精神分析的工作就是把压抑在无意识中的那些童年创伤和痛苦体验挖掘出来，使之上升到意识层面，启发教育来访者重新认识这些经验，从而使他们洞悉问题的根源。这样，他们就有可能正视这些冲突和焦虑，并理智地加以解决。

弗洛伊德把无意识看作人类精神生活的决定性成分，并发明了探讨无意识的各种技术。如对梦的解析、对口误与遗忘的分析、催眠后的暗示、自由联想、投射技术等。这种开创性的见解让我们认识到，个人的行为与心理还受着超乎意识之外的因素的影响，人们只有了解了自己的无意识，才能真正了解自我，获得自由。

对于心理健康教育工作者和心理咨询人员而言，探索咨询对象自身尚不明晰的潜在影响力量，提高他们的自我发现能力，这无疑是促进他们成长的一条路径。当然，我们对无意识内容的分析和解释应该慎重，切忌对无意识作随意的或者扩大化的解释，也要防止因无意识的观点把我们引向不可知论的尴尬境地。

弗洛伊德的心理发展阶段理论体现了对儿童早期经验的重视。他把人的心理发展过程看成一个连续体，从成长的角度考虑个人的心理障碍和人格病态。当面对咨询对象时，我们可以从他们的行为表现、思维方式、追求欲望满足的方式推论其在什么阶段受到过发展上的挫折。同时，弗洛伊德的心理发展阶段理论对青少年，尤其是儿童教育工作具有重要的启发意义。

前面我们仅对经典的精神分析理论作了简要的介绍。而新精神分析理论的要点是，反对弗洛伊德以本我为心理学的核心、以泛性论为动力，主张从社会、文化因素和人际关系的新视角去说明人类的焦虑、内在冲突、心理危机、精神疾病产生的原因，把改善文化、社会条件和人际关系等因素提到了心理健康教育和心理咨询原则的首位，明显地突出了尊重、相信个人有能力克服冲突与挫折的人本主义和乐观主义的精神。

由此可见，弗洛伊德的心理学是深层心理学，它对心理学理论及心理健康教育，特别是心理治疗，具有创造性的贡献。尽管弗洛伊德几乎所有的观点都被人批评过，但他的许多观点现在依然被一些心理学工作者所信奉，一些人仍在发展他的理论，而且有不少新的心理学理论正是在弗洛伊德理论基础上建立起来的。

弗洛伊德理论中所涉及的一些基本概念，如压抑、冲突、焦虑、心理防御机制及人格理论中的本我、自我、超我等都已渗入心理健康教育和心理咨询理论中，成了一些通用的概念。

精神分析中的某些技术，如重视深层心理的分析、重视探索以往的创伤性体验、重视揭示被压抑的无意识、重视领悟等，在心理健康教育和心理咨询中是较常使用的。因此了解弗洛伊德理论对于高校心理健康教育工作者和心理咨询人员来说是必要的。

第二节　行为主义理论

行为主义理论的创始人是美国著名心理学家华生（J. B. Watson）教授。1913年，他在《一个行为主义者心目中的心理学》一文中提出，行为主义是自然科学的一个纯客观的实验分支，它的理论目标在于预见和控制行为。在 20 世纪

50 年代末至 60 年代初，行为主义理论得到了迅速发展。从理论上看，行为主义着重于人的外部行为的研究，而不重视行为的内部变化。

一、主要理论观点

行为主义学派的主要理论有俄国著名生理学家巴甫洛夫（I. P. Pavlov）首创的条件反射学习理论，桑戴克（E. L. Thorndike）、斯金纳（B. F. Skinner）及赫尔（C. L. Hull）所创立的操作条件作用的学习理论，以及 20 世纪 60 年代末由班杜拉（A. Bandura）等人提出的模仿学习理论。

（一）经典条件反射原理

华生很早就利用应答性条件作用的知识进行实验，他曾经使一个本来喜欢动物的 11 个月的男孩对白鼠产生恐惧的反应。其做法是：每当这个男孩伸手要去玩弄白鼠时，实验者就在他背后猛击铁棒。经这样几次的结合之后，每当白鼠出现，这个男孩就会哭闹，出现惧怕的表现。此后又进一步发现，这个男孩的这种反应又泛化到其他白色有毛的动物身上去了。也就是说，现在他看到原本他并不害怕的对象，如兔子、狗或有毛的玩具等，也发生了恐惧或消极的反应。因此华生认为，我们无论成为什么样的人，都是后天学习的结果。另外我们学得的任何东西，也可以通过学习而设法摆脱掉。

巴甫洛夫用狗做实验，当狗吃食物时会引起唾液分泌，这是先天的反射，称为无条件反射。如果给狗以铃声，则不会引起唾液分泌，但如果每次在狗吃食物之前出现铃声，这样结合多次以后，铃声一响，狗就会分泌唾液。铃声本来与唾液分泌无关（此时铃声为无关刺激），由于多次与食物结合，铃声已具有引起唾液分泌的作用，即铃声已经成为狗进食的"信号"了。这时铃声就已经转化成信号刺激（即条件刺激），这种反射就是条件反射。

可见，形成条件反射的基本条件就是无关刺激与无条件刺激在时间上的结合,这个过程称为强化。此外,经典条件反射原理还试图对条件反射与人类异常行为之间的关联进行解释。巴甫洛夫曾经观察到这样的现象:先让狗学会看见椭圆形时流唾液,而看见圆形时不流唾液。之后把椭圆形逐渐变圆,使椭圆形越来越接近正圆形,狗就出现了辨认困难。此时,狗出现了"神经症"症状,即出现了精神紊乱、狂吠、哀鸣,并撕咬仪器等行为。

由此可见,经典条件反射具有以下几个特征。

获得:将条件刺激与非条件刺激多次成对出现,可以加强条件反应。铃声为条件刺激,狗的唾液分泌为反应。当这些刺激第三次成对出现时,狗分泌了7滴唾液;到第七次成对出现时,狗的唾液反应达到稳定;到九次之后,狗的唾液反应可保持一致的水平。

消退:如果条件刺激出现后,不再呈现非条件刺激,反复多次之后,就会观察到已经习得的反应消退。假如铃声之后,不再有食物出现,狗对铃声形成的分泌唾液的反应就会逐渐削弱,最终消失。这一实验给我们带来的启示是:如果希望去消除某种行为习惯,我们首先必须发现增强或维持这一行为习惯的强化物。当然,这种强化物可能因人而异。然后,将强化物除去,就会达到预期的目的恢复。消退了的条件反应,有时会在没有任何进一步训练的情况下再次出现。这被称为自然恢复,说明习得的条件反应只是可以在外表上消退,却不能被遗忘。

泛化:某种特定刺激的条件反应形成后,另外一些类似这一刺激的刺激,也可能会诱发出同样的条件反应。新刺激越是近似于原刺激,条件反应被诱发的可能性就越大。这一现象被称为泛化。

在行为咨询和治疗中,经典条件反射的获得、消退、泛化等,具有很大的实际应用价值。其他实验研究也表明,伴有强烈情感和情绪的许多过敏反应,如抑制不住的脾气爆发等都可以理解为是习得的条件反应。

（二）操作条件反射原理

由于早期行为主义片面强调人的行为的被动反应，忽略了有机体内部的目的性和主动性，一些心理学家，如托尔曼（E. C. Tolman）、斯金纳等开始修正和发展行为主义，他们的学说被称为新行为主义。

正当巴甫洛夫进行经典条件反射的研究时，美国心理学家桑戴克提出了操作条件反射的理论。他把猫关在一个迷箱中，猫可以借助拉绳圈、推动杠杆、转动揿钮等行为逃出来。被关在迷箱之中的猫一开始挤箱门，抓、咬放在迷箱里的东西，把爪子伸出来等，进行了多种尝试以逃出迷箱，后来偶然发现了打开迷箱的机关。以后猫的错误行为渐渐减少，只有成功的反应保存了下来。最后猫学会了如何逃出迷箱，即学会了"开门"的动作。

这种条件反射之所以被称为操作性条件反射，正是因为其强调了该行为的操作会导致某种结果的产生。桑戴克提出了效果律，即一种行为的发生次数受该行为后果的影响而改变。一种行为之后出现了好的效果，这种行为就趋向于保存下来；如果效果不好，则趋向于被消除。积极强化又叫作正强化，是指通过增加某种刺激来提高期望行为的发生次数；消极强化又叫作负强化，是指通过减少某种刺激来提高期望行为发生的次数。

斯金纳曾经举例说明一个母亲在日常生活中不知不觉地在孩子身上强化了不良的行为。当母亲非常忙的时候，她可能对孩子温和的呼唤或者心平气和的要求置之不理。这时，孩子只有提高嗓门，大声喊叫，母亲才会做出反应。过一段时间，母子都习惯了这样的喊叫声。随后，孩子只有用更大的声音才能引起母亲的反应。这种恶性循环导致了孩子说话越来越大声的语言行为。

简言之，操作条件反射的原理就是：以光或声音为刺激物，实验动物出现反应A，反应B，反应C。然后，单选择反应B时给予食物奖励，予以强化。重复若干次后，听到声音或者看见光，实验动物只出现反应B，而不再出现反应A和反应C。这样，就形成了操作条件反射。

斯金纳等人认为，包括心理疾病在内的大多数行为都是习得的。因此，心理咨询和治疗就是要以改变对咨询或治疗对象起作用的强化物的方式来改变其行为。

（三）模仿学习理论

模仿学习理论，又称为模型模仿论或社会学习理论，是美国心理学家班杜拉在对幼儿进行了大量的实验研究后提出的。模仿学习又称为观察学习，是现代社会学习理论的一个核心概念，指个体通过观察他人而习得复杂行为的过程。不过，被模仿者不一定都是现实生活中的人。在社会学习理论中，模仿的对象是十分广泛的，如书、电影、电视、漫画中的人物，以及象征性的客体、情境等。

在模仿学习理论方面，班杜拉提出了三个效应。

一是示范效应。如孩子在观看父亲系鞋带后，学会了系鞋带。这是通过观察示范获得新的行为。

二是抑制—去抑制效应。指观察者看见示范者因某种行为受到奖励或惩罚，从而使自己的同类行为受到奖励或抑制。

三是诱发效应，又叫反应促进效应。指观察者看了示范者的行为之后，表现出与示范者不同但又有联系的行为。例如，某高校学生看见别人在市场上摆摊，赚了很多钱，回来后，他便在学校里拍卖自己的书或者其他东西。这是由于受到示范者影响，该学生表现出一种不同于前者的行为，但两者的行为目的是一致的。

班杜拉做过这样的实验研究：把 66 名儿童随机分成三组，看两名成年男性攻击塑料玩具人的录像。第一组儿童所看的录像中，成年人的攻击行为受到赞扬。第二组儿童看的录像中，成年人的攻击行为受到严厉指责。第三组儿童看的录像中，攻击行为出现后就结束了。然后，把各组儿童带到实验室里（实验室里的情境与他们观看过的录像中的情境相同），并让儿童在实验室内玩 10 分钟。研究者发现，所有儿童都表现出较多的攻击性行为。这说明，不论有无强化，学习模仿都可能发生。

模仿学习理论认为，人们的大量行为都是通过模仿而习得的。人的不良行为也常常是通过这一方式而形成，如儿童看到成人或电视中的攻击行为，自己就会变得富有攻击性；疑病症的儿童多来自特别关注疾病的家庭等。可见，模仿有助于人们学会很多重要的技能，但也可能会在习得变态行为方面起作用。

各种行为主义理论尽管对人的行为咨询和治疗的观点有某些差异，但它们的共同点是：人们的行为是通过后天的学习获得的，不良的行为是在不良环境影响下某种不适当学习的结果。通过发现和改变不利的环境条件，采取一定的教育、强化和训练等治疗措施，即经过后天的有系统的学习过程，就可以改变、矫正或治疗人的不良或不正常行为，达到使其适应社会环境的目的。

二、行为主义理论的实践应用

行为主义理论由于上述的一些特点，因而备受心理健康教育工作者和心理咨询人员的欢迎，被广泛地应用于教育和咨询或治疗实践中。按照行为主义理论，人的异常行为和正常行为一样，都是环境塑造的产物，都是通过后天学习、训练和培养而获得的。人的心理问题既可以通过学习获得，也可以通过学习而改变或消失。其主要方法有以下几种。

（一）系统脱敏法

系统脱敏法又称交互抑制法，最早由沃尔普（J. Wolpe）创立。沃尔普认为，如果一个刺激能自动地引发焦虑反应，那么治疗就是教给个体对这一刺激形成一种抑制焦虑的反应。这样，后来的反应就取代了原来的焦虑反应，因为人类的神经系统不能同时处理互相冲突的两种状态。

人的肌肉放松是与焦虑对抗的状态，两者不能相容。一种状态出现，必然会对另一种状态产生抑制作用，即交互抑制。放松就是对焦虑的抑制反应。例如，当全身肌肉呈放松状态时，心率、呼吸、血压等生理反应指标，均能表现出与焦虑状态时完全相反的变化。

当然，能与焦虑有交互抑制作用反应的，并不仅仅是肌肉放松，进食、性满足等活动，同样也能抑制焦虑状态。

系统脱敏法就是教给个体某种放松程序，然后由弱到强向个体呈现其感到威胁的客体，同时指导个体放松，从而使引起个体恐惧的客体逐渐丧失引发个体焦虑反应的能力，这样个体就被"脱敏"了。换言之，通过肌肉放松达到生理上的放松和心理上的放松，从而抑制焦虑情绪。

系统脱敏法包括三个基本步骤：放松训练，建立对害怕事件恐怖或焦虑的等级层次，让咨询对象在肌肉放松的情况下按焦虑的等级层次由弱到强进行想象或实地脱敏。

（二）厌恶疗法

厌恶疗法，又称为对抗性条件反射疗法，是将某些负性刺激与来访者的不适应行为联系起来，从而使来访者因感到厌恶而放弃这种行为的一种方法。这种方法适用于性变态、酗酒、吸毒、遗尿等心理问题。

1.电击厌恶法

电击厌恶法是最常用的物理刺激疗法，目前广泛应用于动物实验和临床治疗。电击厌恶技术十分简单，也容易控制产生厌恶反应的时间和程度。国内现已成批生产厌恶刺激治疗仪，其治疗原理是：对患者的不良行为习惯反复进行短暂电刺激，这种刺激能引起与患者不良行为习惯相对抗的反应，如厌恶、反感，从而使这些不良行为迅速消退。换句话讲，就是利用瞬间痛苦的条件刺激来代替异常行为引发的快感，达到矫正不良行为习惯、消除异常行为的目的。

电击厌恶治疗在治疗室或家庭均可进行。在治疗时，将厌恶刺激治疗仪的电极置于来访者的前臂上，治疗者和来访者自己都可以操纵。然后，让来访者想象以往出现的异常行为，当他感到愉快时，就用左手食指示意，治疗者就立即按开关,施以电击。厌恶刺激治疗仪的刺激强度分为弱、中、强三档,最好先从弱开始,再到中和强。每次电击治疗后,休息几分钟,让来访者重新想象,然后进行第二次治疗。每个治疗单元为 20～30 分钟,每个单元内可反复进行治疗。电击的强度应能引起来访者足够的反应,但亦应是来访者能够忍受的。电击强度最好同来访者协商决定。来访者也可将电击仪随身携带,自己进行治疗。有些行为习惯,如手淫,当事人自己进行治疗的效果会更好。

2.药物厌恶法

药物厌恶法多用于矫治与吃有关的行为障碍,如酗酒、吸毒、饮食过度等,也可用于恋物癖等性心理障碍。如对酗酒者,先让当事人服用催吐药或注射催吐剂,然后让其饮酒。多次重复就可以形成对酒的对抗性条件反射,使当事人一闻到含有乙醇的饮料就想呕吐。

3.想象厌恶法

想象厌恶法,也称为内在敏感训练法。由治疗者口述某些厌恶情境,与想象中的刺激联系在一起。这项技术成功地应用于许多行为障碍,如肥胖症、同性恋、酗酒和动物恐怖等。

比如,可对肥胖症病人实施想象厌恶治疗。首先,治疗者让病人做放松练习,并告诉病人厌恶治疗的理论和进行想象厌恶治疗的程序。接着,让病人对一系列进食行为进行想象。在想到快要进食时,让病人想象自己越来越感到恶心,要呕吐。然后,让病人想象自己离开当时的情境立刻就感觉舒服多了。每一单元治疗要进行 10～20 次这种想象。同时,要鼓励病人在家里也要进行这种练习。

采用厌恶疗法时应该注意以下几点。

第一,此种疗法会给病人带来非常不舒服的体验,因此治疗前,必须向病人解释清楚,征得病人同意,使其有心理上的准备。

第二,某些化学药物,如阿扑吗啡,对病人心率、脉搏、呼吸、血压等有影响,故注射前应测量上述体征,并在治疗中注意观察,最好从小剂量开始注射。

第三，在消除一种异常行为时，同时要注意对正常行为的引导和培养。

（三）思维阻断法

思维阻断法又称思维停止法或思维控制法，是一种治疗强迫思维等症状的有效方法。下面是使用该方法的基本步骤。

第一，先让咨询对象进入放松状态。

第二，让咨询对象想象那些使其焦虑烦恼的事件或强迫观念。

第三，告诉咨询对象"停止"，咨询对象也同时大声命令自己"停止"。

在每个阶段的治疗中，都要求咨询对象写治疗日记，记下强迫想法出现的次数以及用阻断法治疗的效果。这样可以使治疗按程序要求有计划地进行下去。

思维阻断法在体育心理训练和学生日常生活中也有用武之地。例如，运动员在心理训练中，可用这种技术克服畏难怯场心理。又如，我们在看书、听课、写作业、下棋、开会时，为了集中精力，也可采用这种方法。

下面是咨询员用思维阻断法治疗学生强迫思维的案例。

来访者：女，20岁，大学三年级学生。

来访者的问题：无论看什么东西，如课本、小说、杂志、报纸等，在看以前，时常有一些念头出现在头脑中，例如"我要记住段落大意""抓住要点，把重要的内容记下来"等。来访者不希望自己这么做，认为毫无道理，可是克制不了。每次看书之前都得想一番，然后才能静心看下去，有时一天得想十多次。如果不想，则感到没有把书上的内容看进去，并为此感到焦虑。

在咨询和治疗过程中，咨询员先让来访者学习肌肉放松技术。

两个星期后，咨询员对来访者做思维阻断治疗。先让来访者放松，闭上眼睛，告诉她按咨询员的要求进行想象，如果在想象到与看书有关的情境时，产生了那些如何看书的念头，便抬起右手食指示意。具体内容如下。

咨询员：想象在学校图书馆的文科阅览室，你走了进去，在靠窗的地方找了一个座位坐下，把书包放在桌子上，打开书包，从里面拿出一本书，你能告诉我是什么书吗？

来访者：《政治经济学》。

咨询员：好，是《政治经济学》。你打开了书，这是第一章，你准备看书，这时你有什么感受吗？

来访者：我想我又要想那些东西了。

咨询员：好，如果你感觉你现在有那些念头，就请用右手食指示意。你现在准备看书，这是书的第一章，绪论一章。

（过了一会儿，来访者抬起了指头）

咨询员：（大声）停止。

（咨询员记下来访者的强迫念头出现的潜伏期，休息 2 分钟，再进行下一次想象）

来访者每周来一次，经过三个星期的治疗，来访者报告说，看别的东西已不再事先思考一遍如何看了，只是在看外语书时，强迫观念还会存在。于是咨询员在对其治疗时便特别地选用看外语书的情境，引起来访者的强迫观念，然后加以阻断。又经过第二次治疗，咨询员和来访者都认为来访者不需要再来心理门诊，如果问题再次出现，则再来治疗。半年后，来访者的这种强迫观念一直没有再出现。

在整个治疗期间，来访者还被要求自己回去练习"阻断"强迫观念。

（四）满灌疗法

满灌疗法，又称暴露疗法、冲击疗法或快速脱敏疗法。它是鼓励来访者直接接触引起自己恐怖、焦虑的情景，并坚持到紧张感觉消失的一种快速行为治疗法。其基本原理是：病人的害怕反应是过去习得的，现在将病人置于最感到害怕的事物面前，这时如果没有发生真正的危险，病人的恐怖情绪就会消退。

运用满灌疗法，治疗一开始时就应该让来访者进入最使他恐惧的情境中，一般采用想象的方式，鼓励来访者想象最使他恐惧的场面，或者咨询员在旁边反复地讲述来访者最感恐惧情境中的细节，或者使用幻灯片放映最使来访者恐惧的情景，以加深来访者的焦虑程度，同时不允许来访者采取闭眼睛、哭喊、堵耳朵等逃避行为。在反复的恐惧刺激下，来访者很可能会因焦虑紧张而出现心跳加快、呼吸困难、面色发白、四肢发冷等植物性神经系统反应，但来访者最担心的可怕灾难并没有发生，这样他的焦虑反应也就相应地消退了。

除此之外，还可以把来访者直接带入他最害怕的情境，经过实际体验，使其觉得也没有导致什么可怕的后果，其恐惧症状自然也就慢慢地消除了。

系统脱敏疗法效果好，设计合理，不足之处是治疗时间较长，方法比较复杂，而且需要来访者高度的配合和足够的耐心。满灌疗法是一种快速脱敏疗法，如果来访者合作，可以在几天或几周内，至多在两个月内可取得明显疗效。

使用满灌疗法时应注意三点。

第一，要向来访者说明满灌疗法带来的焦虑是无害的。只有来访者体验到严重紧张感，面对害怕能忍耐 1～2 小时以上，其恐惧、焦虑的情绪才会逐渐消失。

第二，不允许有回避行为。否则会加重恐怖反应，导致治疗失败。

第三，使用此法之前，必须对来访者的身心状况有深入的了解。否则不仅会影响疗效，还有可能发生意外。

满灌疗法常被用来治疗焦虑症和恐怖症。但在具体运用时，还要考虑来访者的文化水平、需要暗示的程度、发病原因和身体状况等因素。对体质虚弱、有心脏病、高血压和承受力差的患者，不能应用此法，以防发生意外。

（五）模仿法

模仿法又称示范法、观摩法。是根据班杜拉的模仿学习理论发展出来的。模仿学习理论认为，人有许多复杂的行为不可能通过经典条件反射以及操作条件作用来简单地加以控制或改变，而要通过观摩、示范或学习来获得。"近朱者赤，近墨者黑"就是这个道理。

利用模仿学习原理，教育工作者和咨询人员可设计一些程序，使教育或咨询对象有机会得以通过模仿学习获得新的行为反应，或用适当的行为取代不适当的行为。比如，让有社交恐惧的来访者观看人们互相交往、娱乐的录像，或听人们对话的录音，或由咨询员做示范。在这一过程中，教育工作者或咨询人员要教育或咨询对象注意观察。然后，教育工作者或咨询人员与他们共同讨论所见所闻、应该怎样做等。教育工作者或咨询人员应该对他们的积极反应给予强化。模仿学习包括被动模仿学习和主动模仿学习，前者只观摩而不参与，后者还有参与。一般来说，后者的学习效果更好。

此外还有自我调整法（即全身松弛法）、扮演角色法、行为限制法等。在咨询和治疗过程中，咨询人员要注意进程适当，有及时的奖罚，训练目标明确，最重要的是明确咨询对象问题的实质，设计切实可行的程序去改变其行为。

当然，行为主义理论也遭到一些人的批评、指责。其可能存在的不足有以下几点。

第一，那些极端的行为主义派只重视"刺激—反应"间的关系，而完全忽视了人的理性、认知等因素的作用。有人认为这是把人看作低级动物，完全否认了人的自主性和独立性，贬低了人的尊严和价值。

第二，行为咨询或治疗只重视学习过程，只重视运用技巧、方法，却忽视了目的的重要性，关注的是人的行为而非人本身。

第三，行为咨询或治疗所带来的改变很可能是表面的，只治标不治本，因为内在原因没有消除，症状有可能会发生转移。对此，行为疗法作出了辩解，认为并非如此。

第四，比较而言，行为咨询或治疗不那么重视咨访关系。在咨询中，咨询对象基本上属于被操纵的角色，而且由于咨询员只关注表面症状，故忽视了咨询对象之间的个别差异。

第三节　人本主义理论

在 20 世纪五六十年代，美国兴起了一个新的心理学流派，即人本主义心理学。该学派的主要代表人物有马斯洛、罗杰斯等人。其中，罗杰斯的"以人为中心"的心理学理论是对精神分析理论和行为主义理论的一个大冲击，被视为心理咨询和治疗理论中的"第三势力"。

罗杰斯出生于一个农民家庭，早年攻读过农业、生物、物理和神学，之后又学习了心理学，接触了行为主义的理论，并接受了弗洛伊德学派的心理分析训练。他作为一名心理治疗专家，曾在一个儿童行为指导中心工作了 12 年。早在 1939 年，他就提出了一个不同寻常的设想："假如我不去考虑表现自己的聪明才智，那么我觉得依靠治疗对象来完成这个治疗过程更好……治疗对象了解自己的问题，了解应向什么方向努力，了解什么问题最重要，了解自己隐藏着什么体验。"他在心理治疗实践中总结出自己的经验，于 1942 年出版了《咨询与心理治疗》一书，提出了自己新的心理治疗观。1951 年，他又出版了《来访者中心治疗》一书，为来访者中心疗法的提出奠定了理论基础。

一、主要理论观点

（一）对人的基本看法

1.人的主观性

罗杰斯认为，人基本上是生活在他个人的和主观的世界之中的。他强调人的主观性，人所得到的感觉是其自身对真实世界感知、翻译的结果。来访者作为一个人，也有自己主观的目的和选择，这也是"来访者中心"一词出现的原因。

罗杰斯认为，当一个人发怒的时候，总是有所怒而发，绝不是受到肾上腺素的影响。当他爱的时候，也总是有所爱而爱，并非盲目地趋向某一客体。一个人总是朝着自我选择的方向前进。因为他是能思考、能感觉、能体验的个人，他总是要满足自己的需要。

2.人的实现的倾向

实现的倾向是一种基本的动机性驱动力，一切有机体都表现出先天的、发展自己各种能力的倾向性。这种实现的倾向操纵着一切有机体，并可以作为区分一个有机体是有生命的还是无生命的鉴别标准。

罗杰斯在其早期的著作中，就阐述人类有一种成长与发展的天性，心理咨询与治疗应趋向此种人类天性。随着研究的进一步深入，他更加坚信人类的发展步伐是朝着自我实现的方向迈进的，具有实现的倾向。基于这种观点，他所倡导的来访者中心治疗或者以人为中心的治疗的基本原理就是使来访者向着自我调整、自我成长和逐步摆脱外部力量控制的方向前进。

3.对人的其他看法

罗杰斯认为，人基本上是诚实的、善良的、可以信赖的。这些特性与生俱来，而某些"恶"的特性则是出自防御的结果而并非出自本性。他认为每个人都可以作出自己的决定，每个人都有着实现的倾向。如果有一个适宜的环境，一个人就有能力指导自己，控制自己的行动，从而实现良好的主观选择与适应。

（二）有关自我概念的理论

罗杰斯和其所倡导的以人为中心的理论认为，有必要将"自我"与"自我概念"区别开来。"自我"一词用通俗的方式讲，就是一个人真实的自我。而"自我概念"则是一个人对他自己的知觉和认识。自我概念并不总是与一个人自己的体验或机体的真实自我相同。

1.自我概念的发展

第一，有机体的评价过程。有机体的评价过程对于现实的或者真正的自我来说，是一个中心概念。一个人的有机体的评价过程，与他对体验的估量和根据这种体验能否满足实现的倾向的情况而得出的评价的价值排列有关。

第二，自我概念的早期发展。自我概念最初是由大量的自我经验、体验堆砌而成的。例如，婴儿饿了，他可能会把他对饥饿的消极评价结合进他的自我概念中。在儿童与环境的交互作用之中，越来越多的自我体验被意识到并被言语化。在与环境、与他人的交互作用中，儿童区分出了不同于他人、他物的自己。

第三，价值的条件化。对来自他人积极评价的需要，是一个人在其早期发展过程中通过学习得到的。当一个人的行为得到他人的好评时，他的这种对积极评价的需要就得到了某种满足。当儿童对其父母微笑时，对方就会有一种愉快的体验，并对此作出积极的评价。在生命最初的岁月中，这种行为是带有偶然性的。当然，对于儿童来讲，也存在着另外一种可能性，即他会感到他的那种要从某些对他来说是重要的人那里得到积极评价的需要会与他自身的体验发生矛盾和冲突。

价值的条件化在自我概念理论中是很重要的。因为这意味着个体存在两种评价过程。第一种是有机体的评价过程，这一过程可以真实地反映实现的倾向。第二种是价值的条件化过程，这一过程是建立在对他人评价的内化或者对他人评价的内投射的基础之上的，并不能真实地反映个体的实现倾向。当个体采用第二种评价过程反映现实时，就会产生错误的知觉，而这可能是为了避免出错，而不是为了自己真正的需要。

第四，在自我概念中价值条件作用的影响。不同个体在价值条件作用内化的程度上各不相同，这与他们所处的环境及他们对积极评价需要的程度有关。对某些人来说，他们的自我概念可以发展到能够准确地感知许多他们自身的经验与体验的程度。然而，没有人能够达到完全排除价值条件作用的程度。对不同个体来说，其区别仅在于一些人将价值条件作用较多地内化到自我概念中，而另一些人则内化得较少。

价值的条件化最常见的例子是："实现自己的目标是非常重要的，如果做不到这一点，我就不配为人。""挣钱是很重要的，如果我不能挣到很多的钱，我就是失败者。"等。罗杰斯认为，对许多个体来说，他们作出大量内投射的评价是习以为常的事情，而他们固守着这一点，却很少对这些评价进行考察或者试验。就这样，他们不仅脱离了自己的体验，而且对自我的评价也是很低的。更进一步来看，价值条件作用的内化，会起到降低人自身评价的作用，即会产生"自我压抑"。

2.自我概念与心理失调

来访者中心治疗，不是要在寻找来访者是怎样变得以现在这种方式行事上下功夫，而是要询问是什么原因使他们保持了现在的这种行为，而不是满足自己的真正需要。了解失调的行为和知觉怎样得以保持下来这一点，对理解来访者中心治疗的理论与实践是很关键的。

第一，经验或体验的过程。经验或体验的过程是指对客观事物和可以意识到的机体内部过程的态度。罗杰斯认为，个体在生活中的经验或体验可能会产生四种情况。

第一种情况是这些经验或体验可能被忽视了。例如，由于久坐，个体忽视了坐着的感觉。

第二种情况是这些经验或体验可以被个体准确地知觉到，并且由于它与个体需要相符，或者由于它可以强化自我概念，而被结合进自我概念之中。

第三种情况是这些经验或体验可能会被歪曲，用以解决自我概念和经验、体验之间的矛盾。例如，一个在学业方面自我概念很低的学生，当得到好成绩时，可能会认为教师定的标准太低了。

第四种情况，个体可能对其真实的经验或体验予以否认或根本不去接收这种信息。例如，一个妇女的自我概念深受过于严格的道德观影响，其从根本上否认自身对性欲方面的需求。

罗杰斯认为，充分的体验是心理咨询和治疗的关键，当注意力集中于以往被否认的体验，用接纳的态度对它进行充分体验时，就会给来访者带来转机。

第二，自我概念与经验、体验的不一致。罗杰斯认为，人的最高理想的实现倾向即自我实现，这是自我与自我概念完全一致的情况。罗杰斯认为，自我概念乃是一个人对他自己的认识和知觉。这个自我概念是通过与环境，特别是与其他人对他的评价相互作用后逐步建立起来的。

一个人对他人的反应方式取决于这一自我概念。人对任何一个新的体验都可能产生三种不同的反应：一是与自我概念相结合，融为一体；二是对其不加理会；三是产生歪曲的反应。当个体认为新的体验与自身的自我概念不一致时，或将新的体验视为对自我概念的威胁时，就容易产生后两种反应。自我概念非常刻板的人，在适应新环境方面容易遇到困难。

罗杰斯认为，以来访者为中心的心理咨询过程，就是通过建立良好的咨询关系，减轻来访者的内心压力，使其不至于歪曲或拒绝与自我概念不一致的体验。每个人的心中都有两个自我：现实自我和理想自我。前者是个人看待自己的结果，后者是这个人自以为"应当是"或者"必须是"的自我。

导致个人心理失常的原因，在罗杰斯看来，主要是每个人内心世界中的自我冲突。现实自我和理想自我的重合状况直接决定了人们心理健康的状况，两者间距过大，就难免会有心理失常感。在人际交往中，人们总是愿意别人对自己的行为作出有利评价，当一个人的行为产生了积极的自我体验并同时得到他人尊重时，他的自我概念是明确的，人格就能正常发展。但他若一味地去满足别人期望而不惜改变自身的准则，就会使自我概念扭曲，忽视内心愿望的作用，造成适应不良的结果。罗杰斯指出，心理健康者所表现的是他们真正的自我，他们不会以非自我的形象出现。

第三，紊乱和不协调状态。紊乱和不协调状态，主要是指简单的问题也有可能导致严重的失调。例如一个人的自我对别人并无敌意，但当他与配偶、母亲等人在一起时，却发现自己充满了怒气，这就是自我概念与机体体验的失调。当自我概念与机体体验存在高度不协调时，实现的倾向就会出现紊乱，或者向着两个方向发展。一方面，个体的自我概念受实现倾向的支持，努力奋斗以实现自己的目标。另一方面，机体力求满足本身的需要，它与自我概念和意识中的愿望可能大相径庭，这时，自我向一个方向活动，而机体却朝另一个方向发展，从而造成情感和理智的脱节。罗杰斯认为，这种不协调是人们产生焦虑的根源。

第四，自我概念是了解心理失调的关键。借助自我概念，人们有了关于他们自己的知觉和认识。由于价值的条件化产生于个体对积极评价的需要，它们可能作为"情绪的负担"而深深植根于个体的自我概念之中。价值的条件作用越是深深地植根于自我概念之中，它们就越是难以改变。这是因为个体要改变它们，必将产生由于意识到自我概念与经验或体验的不一致而导致的焦虑。

价值的条件化对个体来说，具有使个体价值感下降的作用，这就使得个体很少能够有足够的勇气承认和面对他自身的矛盾之处。虽然把不一致的知觉同化到自我概念之中去的可能性时刻存在，但对于适应程度低的人来说，这种可能性太小了。

3.来访者中心疗法

罗杰斯在《来访者中心治疗》一书中，第一次试图构成一个理论模型以解释下述问题：第一，个体根据什么原则行动？第二，什么情况促使精神障碍形成？第三，什么措施可以使精神障碍好转？

罗杰斯的关于自我概念的理论，可以对前两个问题作出解答。而第三个问题则涉及来访者中心的治疗了。

有关自我概念的理论前提是：认为人有一种与生俱来的实现的倾向。这种实现的倾向不仅要在生理、心理上维持自己，而且要不断发展自己。有关自我概念的理论把自我与自我概念作了区分，自我概念是人对自己的主观知觉和认识。

当自我与自我概念的实现倾向一致时，人就达到了一种理想的状态，即达到了自我实现。自我得到的经验、体验与自我概念冲突矛盾时，个体就会产生恐惧，通过防御机制否认和歪曲自身的经验、体验。当经验、体验与自我的不一致有可能被个体意识到时，焦虑就产生了。一旦防御机制失控，个体就会产生心理失调。

自我概念与自我经验的不一致主要源于自我概念受到外部文化因素的影响，个体把他人的价值观内化为自己的价值标准。但以人为中心的治疗，相信个体中蕴藏着的实现倾向的强大推动力，相信积极的成长力量，相信人有能力引导、调整和控制自己，相信人是能够发现其自我概念中的问题的，他们会评价自我经验对自我实现的作用，不断地使自我概念适应于新的经验。

基于这种认识，罗杰斯提出了来访者中心疗法，这是以来访者为主导的治疗方法，而治疗者的作用退居其后。治疗者在治疗中，更多的是创造一个帮助来访者了解自身的气氛和环境，减轻来访者在对自我概念与自我经验产生矛盾时的焦虑。

二、人本主义理论的实践应用

人本主义理论的建立对心理健康教育和心理咨询领域产生强烈的冲击，尤其是该理论十分强调咨访关系的建立，强调教育和咨询人员本身的人格特质在教育和咨询中的重要意义，强调充分地信任人的自由、价值、个性、潜能，这些思想应该成为心理健康教育和咨询工作的指导思想，成为教育工作者和咨询人员的基本信念。

与其他理论相比较而言，人本主义理论主要有以下几个特点。

第一，它打破了以前疾病诊断的界限。不进行疾病诊断和鉴别诊断，咨询对象不分神经症病人和正常人，甚至精神病人，因而不将他们称为病人，而是称为咨询者或来访者。

第二，只注重教育和咨询或治疗环境和气氛，不注重技巧。罗杰斯认为，心理分析法的"钻心"技术无用，行为矫正法过分"机械"而失去人性。他批评以前的心理健康教育和心理咨询人员把自己的判断和价值观强加给来访者，叫他们无条件接受，阻碍了来访者发挥自己的潜力。

第三，轻视专家的作用。罗杰斯主张教育和咨询人员不应该以医生、专家的身份，而应该以普通人的身份出现，以平等态度对待来访者，不给予来访者具体指导和分析，只引导他们抒发自己的情感。

相对而言，在具体教育和咨询过程中，如果严格限于罗杰斯提出的方法，那么教育和咨询效果将可能是较小的，也不是很适合目前我国大多数教育工作者和咨询人员与来访者的行为模式和现实条件。如果在罗杰斯重视咨访关系建立的基础上，再施加具体的影响性技巧，那么将会更快地促进来访者的成长。此外，片面地理解"来访者中心"思想，机械地进行倾听，那么心理健康教育工作者和咨询人员将会失去自己的个性，也就很难积极地帮助教育对象和咨询对象的成长。为此，取长补短将是来访者中心疗法发展的需要。

第四节　认知行为疗法理论

认知行为疗法是一组通过改变思维或信念和行为的方法来改变不良认知，达到消除不良情绪和行为的短程心理治疗方法，其代表人物是贝克（A. T. Beck）和艾利斯（A. Ellis）。其中，理性情绪疗法（又称合理情绪疗法）占有十分重要的位置。理性情绪疗法是美国心理学家艾利斯在20世纪50年代创立的，后经不断完善，成为一种很有影响的心理健康教育和心理咨询与治疗的方法。

艾利斯最先接受的是精神分析治疗方面的理论，并曾从事有关婚姻、恋爱、家庭及性问题方面的研究。经过不断实践，他越来越对精神分析疗法不满意，认为这种疗法过于被动，而且效果不佳。在不断摸索和实践中，他逐步形成了自己独特的心理咨询与治疗的方法，即理性情绪疗法。理性情绪疗法比其他的心理咨询方法更强调对来访者非理性信念的批判，它强调认知的重组，同时假定认知、情绪与行为密切交互作用。

理性情绪疗法是一种主动的、指导式的心理咨询与治疗的方法，强调咨询人员处于主动地位，采取更为积极的态度。这与艾利斯的性格及早年经历有一定关系。艾利斯本人外向，好动，不喜欢被动地等待，是参与型的治疗者。然而，早年的艾利斯却是个羞怯的人，与异性接触时感到很焦虑。后来他发现自己焦虑的背后有这样的信念：我绝不能在异性交往中失败，否则我在这方面将永远是失败的。于是他向自己的这种信念挑战，并积极地采取行动，主动接触异性，终于克服了这一过程中的焦虑情绪。

1962 年，艾利斯出版了《心理治疗的理性与情感》一书。随后，理性情绪疗法的推广与应用不断深入，研究也不断增多。理性情绪疗法引入我国并加以应用才十多年时间，就得到了迅速发展，尤其是在高校学生心理健康教育和心理咨询领域，理性情绪疗法发挥了自己独特的作用。

一、主要理论观点

认知行为疗法的主要理论观点体现在以下几个方面。

（一）对人本性的看法

艾利斯认为，人生来是非善非恶的，理性与非理性的倾向并存。艾利斯批评弗洛伊德的性恶论，主张人不全然是受本能支配的动物，人有能力了解自己的缺陷，改变自己在儿童时期内化而来的基本观点与价值观，并且能向自我失败的趋向挑战。艾利斯也不完全接受强调自我具有充分发展趋势的存在主义的观点，因为他认为人是一种生物，在某些方面也有强烈的本能倾向。具体地说，艾利斯的人性观点有以下几点：

第一，人既可以是理性的，也可以是非理性的。当人们按照理性去思维、去行动时，他们就是快乐、富有竞争精神的，以及有所作为的。

第二，情绪是伴随人们的思维而产生的，情绪上或心理上的困扰是由于不合理的、不合逻辑的思维所造成的。

第三，人既有社会倾向性，又有生物倾向性。每个人都或多或少地存在非理性的、不合逻辑的思维与观念。心理障碍越严重，其生物倾向性就越强烈。

第四，使用语言是人类的特性，人的思维活动常常是运用内化的语言进行的。心理障碍的产生是使用内化的语言重复不合理的信念的结果。

第五，情绪困扰的持续，实际上就是那些内化语言所表现出来的不合理的思维持续作用的结果。每个人应对自己的情绪负有责任。

（二）ABC 理论

艾利斯基于对人性的理解，提出了理性情绪疗法的基本理论——ABC 理论。这一理论认为，情绪不是由某一诱发性事件本身所引起的，而是由经历了这一事件的个体对这事件的解释与评价所引起的。

ABC 理论中的 A（Activating event）指诱发性事件，B（Belief system）指个体的信念、观念系统，C（Consequence）指个体的情绪或行为的反应或结果。人们通常以为是事件 A 引起了结果 C。例如，小王今天变得沉默寡言，无精打采（C），那是因为他和女朋友分手了（A）。但艾利斯不这样看，他认为只有 B——人们对事件 A 的看法与解释背后的信念与观念，才是导致 C 产生的直接原因。也就是说小王情绪不好的直接原因并不是失恋本身，而是对失恋的认识和看法，他可能把这个恋爱对象看得过重，认为失恋后再也不好找对象了，同时在同学面前没有面子，同学会因此而瞧不起自己。这些想法的背后是这样一种观念：我决不能失恋，否则自己就是个毫无能力的人。正是这种观念使他产生了情绪障碍。也就是说，不是 A→C 而是 A→B→C。如果人们的信念体系 B 对于某一事件 A 产生的看法和信念是合理的或现实的，那么由此而产生的情绪 C 也就是合理的、适当的；反之，如果人们的信念体系 B 对事件 A 产生的看法、信念是不合理的，那么作为其结果的情绪和行为 C 也将是不合理的、不适当的。

如果对失恋（A）换一种想法（B），如天涯何处无芳草，那么小王的情绪反应（C）就不再是这个样子，至少他可以平心静气地做自己该做的事。

综上所述，ABC 理论认为，人们的信念体系对事物产生的不合理的、不现实的信念是人们产生心理障碍及神经症症状的原因。

（三）非理性信念

按照艾利斯的观点，人既是理性的，同时又是非理性的。人的大部分的情绪困扰和心理问题都来自不合逻辑的或不合理性的思考，即不合理的信念。这种不合理的信念会导致不适当、不适度的情绪和行为反应，当人们坚持某些不合理的信念，长期处于不良的情绪状态中时，最终会导致情绪障碍的发生。如果人们能学会理性思考，减少不合理的信念，则大部分的困扰或心理问题就可减少或者消除。

分析来访者所持有的不合理信念，往往可以看到以下三个特征。

1.绝对化的要求

在各种不合理的信念中，绝对化的要求是最常见的。绝对化的要求是指人们以自己的意愿为出发点，对某一事物怀有其必定会发生或不会发生这样的信念，它常与"必须""应该"这类词连在一起，如"我必须成功""他应该对我好""生活应该是很容易的"等。怀有这种信念的人极易陷入情绪困扰中。

2.过分概括化

过分概括化，是一种以偏概全、以一概十的不合理思维方式的表现。过分概括化的一种表现是人们对其自身的不合理的评价，如一遇到挫折便认为自己"没用"、是"失败者"，遇到一点不幸便认为自己"前途渺茫"。这种以一两件事情来评价自己整个人，评价自己的价值的行为，常常会导致个体出现自责自罪、自卑自弃的心理，并引起焦虑和抑郁的情绪。过分概括化的另一种主要表现是对他人的不合理评价，即别人稍有过失就认为其很坏，无一可取，从而导致一味地责备他人以及产生敌意和愤怒等情绪。没有一个人是完美无缺的，每个人都应该接受自己和他人都有可能犯错误的这一现实。

3.糟糕透顶

这种不合理的信念认为：某一事情发生了，必定会非常可怕、非常糟糕、非常不幸。这种信念会导致个体陷入严重不良的情绪体验，如耻辱、自责、焦虑、悲观、抑郁之中而难以自拔。当一个人沿着糟糕透顶这种思路看待事物，遇到了自己认为绝对糟糕的事情时，就会把自己引入不良情绪状态中。

艾利斯认为，人生来就具有以理性信念对抗非理性信念的潜能，但又常常为非理性信念所干扰。也就是说，任何人都或多或少地具有不合理的思维和信念，而那些具有严重障碍的人，这种倾向则更为强烈。

20世纪70年代以后，艾利斯进一步把一些主要的不合理的观念归结为三大类，即对自己、对他人、对周围环境及条件的不合理的、绝对化的信念和要求。这些不合理的信念的显著特征是个体在语言上经常使用"应该""必须""一定要"等词。

第一类：我必须出色地完成我所做的事情，赢得他人的赞赏；否则我会认为自己是一个毫无价值的人。艾利斯认为，这是一个不切实际的目标。理性的人们会在自己原有的基础上努力做好每件事，而不去和别人进行比较；他们会在努力的过程中寻找乐趣而不是忙于得到结果；他们会努力学习怎样把事情办得圆满而不试图去做一个完美的人。以具体的一件事来评价一个人的全部是不理智的，人的价值仅仅在于他是一个人，具有人性。每个人都应该承认和接受自己是一个可能犯错误的人。

第二类：人们必须善意地对待我，体谅我，以我所希望的方式对待我，否则社会和上天应该对他们给予严厉的谴责、诅咒和惩罚。艾利斯指出，任何人都不可能控制他人的意愿。理性的人们受到他人的责备时，如果自己确有错误，会努力改正；如果自己没有错误，就会认为这种责备是别人情绪问题的表现。

当别人犯错误时，若可能的话，他们会阻止其继续发展下去；若阻止不了，他们就尽量使自己少受别人行为的影响。

第三类：我周围的环境与条件必须安排得井然有序，以便我能很舒服地、很快地、很容易地得到每一样我想得到的东西，而我不想要的东西一件也碰不到。艾利斯指出，人们周围的各种事物有其自身的运动规律，理性的人会努力去改善那种令人不快的环境，当无法改善那些环境时，则会努力学会接受这种现实。

（四）对心理障碍的理解

艾利斯认为，心理障碍的起因是由于我们在衡量生活时总是作出绝对的评判。这种武断的、教条式的评判标准往往用"应该""必须""一定要"等词汇来表达。绝对的认知既是教条式的哲学观念的核心，也是造成人类心理与行为障碍的主要原因。虽然绝对的认知不一定会给人们带来心理上的病态，但是，持这种观念容易诱发心理障碍的产生。所以，理性情绪疗法站在了"反绝对化"的立场上。艾利斯认为，当人们产生心理障碍时，会作出各种不合逻辑的假设，这种认知的歪曲是心理障碍的重要特征，它是由"必须"的信念所引发出来的。

二、认知行为疗法理论的实践应用

认知行为疗法理论以其独特的优越性而受到心理健康教育界和心理咨询界的高度关注，并得以广泛应用。认知行为疗法理论的主要贡献在于揭示非理性信念、不合理的思维在导致人们心理困扰中的重要性。在现实中，也确有大量的咨询对象的心理问题与非理性观念有关。可以这样说，在每一个有情绪困扰的咨询对象身上都能发现与此有关的这样或那样的不合理信念，并且仅仅通过转变非理性信念，就能达到一定的效果。然而，理性情绪疗法把一切困扰都归为非理性信念的结果，这是失之偏颇的，因为事实上情绪困扰并非仅仅与认知有关。理性情绪疗法有些夸大了认知的作用。

由于目前我国专业的心理咨询人员在数量上和质量上都还远远满足不了社会的需要，因此掌握一种省时易行、效果明显的方法就特别有意义。而理性情绪疗法具有费时少、收效快、理论易懂、方法可行的优点，因此特别受到我国心理健康教育工作者、心理咨询人员，以及教育对象或咨询对象的欢迎。尤其是理性情绪疗法容易被广大人民群众所理解和掌握，人们可以通过做家庭作业、自我分析练习等来转变自己的非理性信念，当然，某些心理困扰严重者需要专业人员的帮助才行。

理性情绪疗法强调教育或咨询人员持主动积极的态度，对教育或咨询对象进行直接的指导。艾利斯一方面认为改变的责任应由教育或咨询对象来承担，但另一方面又对教育或咨询对象的能力没有信心，或是没有耐性去等他们慢慢领悟，因而应积极进行指导。艾利斯一方面认为教育或咨询对象有先天成长和发展的本能，但另一方面又认为这种潜能由于长时期的不合理信念的压制而无法发挥，因而需要教育或咨询人员的积极指导以开发潜能。应该说，积极的指导对提高教育或咨询效果是明显的，尤其我国的许多教育或咨询对象更习惯于专业人员的指导。但是，倘若使用不当或仅仅为了缩短教育或咨询时间而立即告诉教育或咨询对象对与错，应怎样做，则有可能伤害对象，也可能引起他们的抗拒，同时也不利于他们自主性的发挥。为此，心理健康教育工作者和咨询人员应该把握好分寸。

理性情绪疗法采用了家庭作业的形式，以巩固教育或咨询效果，并减少了教育或咨询对象的依赖性；理性情绪疗法强调把获得的洞察付诸行动，把行为作为教育或咨询阶段的重要组成部分。

理性情绪疗法常使用质疑、驳斥、辩论、对抗，这是理性情绪疗法过程中的关键一步，但使用不当，就容易使教育或咨询对象接受不了，进而产生某种侵犯性的感觉。因而，咨访关系就显得较为重要。可是，与其他方法相比较，理性情绪疗法不太强调咨访关系，并不认为温暖和关怀是理性情绪疗法的重要组成部分，是教育或咨询的必备条件，更否认其是足以使教育或咨询产生效果的关键因素。然而理性情绪疗法承认，在教育或咨询过程中，专业人员要和教育或咨询对象建立一种和谐关系，以期促进教育或咨询人员对教育或咨询对象完全的接纳和容忍。

为了充分发挥理性情绪疗法的优势性，同时弥补某些不足，最好综合运用几种心理健康教育和咨询理论。例如，开始用来访者中心疗法，同时运用心理分析法以发现来访者出现问题的根源和非理性信念的实质，再考虑运用理性情绪疗法，改变其不合理信念，最后在行为疗法的基础上，实现来访者的转变。

第三章　高校心理健康教育的
目标、内容与措施

第一节　高校心理健康教育的目标

高校心理健康教育的目标是高校开展心理健康教育的导向和基本依据，是高校规定心理健康教育工作所要实现的对学生的影响以及心理健康教育工作所要达到的效果的预想。心理健康教育的目标定位是高校心理健康教育最基本、最重要的问题。从理论上说，它直接决定了心理健康教育的功能、内容、原则、途径、方法等，是影响心理健康教育全局的灵魂；从实践上看，它决定受教育者应该从心理健康教育中得到什么，形成什么样的素质，最终成为什么样的人。因此，科学制定高校心理健康教育目标，对规范我国高校的心理健康教育工作具有重要的现实意义。

一、高校心理健康教育目标制定的依据

（一）必须以人为本

心理健康教育是人性化的教育，它所关心的就是人本身。因此，制定心理健康教育的目标必须从人性出发。

人性是什么？按照马克思主义的观点，人的需要即人的本性。那么，人的

基本需要是什么？1891 年，恩格斯从物质资料的角度第一次论述了在社会主义社会人的需要层次。他认为，在一个全新的社会制度下，通过有计划和进一步发展现有的巨大生产力，在人人都必须劳动的条件下，生活资料、享受资料、发展和表现一切体力和智力所需要的资料，都将同等地、愈益充分地交归社会全体成员支配。

由此可见，人的本性就在于，他（她）是一个活生生的、具有自觉能动性的、有需求欲望的人。人的一切活动无非就是为了满足生存需要、发展需要和享受需要。因此，制定心理健康教育目标必须考虑人的自觉能动性和人生在世的最大追求，以人的切身利益为出发点。

从心理学意义上讲，人生活在这个世界上的重要追求大致可以概括为三个方面：一是和人的生存需要相对应的，即人要解决好适应问题；二是和人的发展需要相对应的，即人要解决好发展问题；三是和人的享受需要相对应的，即人要解决好幸福生活的问题。概而言之，人生的最大追求就是心理上的适应、发展和幸福。

（二）必须以教育为本

心理健康教育目标是高校教育目标的组成部分，必须受高校教育目标的制约。教育性是心理健康教育的基本属性。

从教育目的上说，现阶段我国的教育以提高全民素质为重要目标，以培养学生的创新精神和实践能力为重点，要培养德智体美劳全面发展的社会主义事业建设者和接班人。受教育目的的支配，心理健康教育目标就是要以培养受教育者的心理素质来为其整体素质的提高奠定基础，以促进人的心理发展来推动人的全面发展。

从教育功能上看，教育是一种有目的、有计划地促进人的全面发展，加速人的社会化的活动。心理健康教育作为这样一种活动，旨在从心理层面上塑造人和提升人。因此，心理健康教育不应仅仅定位在满足受教育者心理上的适应、发展和学会生活，而是应该定位在使受教育者在心理上积极适应、主动发展和幸福生活。

（三）必须以人的心理为本

制定高校心理健康教育目标，必须从人的心理出发。心理是人脑的机能。人脑是特殊的物质，有其独特的活动规律。心理健康教育目标的制定应该考虑科学地遵循人脑活动的规律，开发人脑的潜能。

人的心理是不断发展的，呈现出一定的阶段性，心理健康教育目标就是要遵循个体心理发展的规律，促进个体健康发展。人的心理是由多种心理成分（认知、情感、意志、个性等）交互作用而构成的有机系统，因此，心理健康教育目标要具体落实在各种心理成分的优化上。

二、高校心理健康教育的目标体系

（一）高校心理健康教育的总目标

高校心理健康教育的总目标应该能反映心理健康教育的基本精神，将心理健康教育和其他的教育活动区分开来，因此，高校心理健康教育的总目标就是整个心理健康教育工作最终要实现的结果。既然心理健康教育属于教育的一种形式，其总目标就必须为我国的教育服务。具体地说，高校心理健康教育的总目标就是提升全体受教育者的心理素质，促进受教育者的心理健康发展，为实施素质教育，培养德智体美劳全面发展的人才奠定心理基础。

为高校心理健康教育制定这样的总目标，不仅能够在理论上完善我国高校教育目标的体系，更重要的是，高校心理健康教育总目标的实现对实现高校整体教育目标有着不可低估的价值。可以说，高校心理健康教育的总目标是一种理论性和抽象性的目标，这样的总目标是高校心理健康教育航船的"灯塔"，规定着高校心理健康教育的总航向。

（二）高校心理健康教育的一般目标

一般目标是对总目标的分解，可以反映总目标的构成。高校心理健康教育的一般目标如下。

首先，使受教育者形成健康的心理素质。具体到高校心理健康教育，就是要使高校学生的人格得到和谐发展，引导他们正确地对待自己、接纳自己，认识自己的内在潜力，充分发挥个人潜能。

其次，要提高受教育者的心理健康水平。具体来说，就是帮助他们确立符合自身发展的积极的生活目标，培养他们的责任感和创新精神；引导他们正确处理各种人际关系，从而更好地适应生活和学习环境。

最后，根据受教育者成长的需要和特点，采取多种方法帮助他们形成良好的道德品质、积极的人生观和价值观、积极的情绪和情感、坚韧不拔的意志品质，养成良好的行为习惯，为适应未来的社会要求在能力上和心理上做好准备。

高校心理健康教育是每位高校教育工作者的任务，每项工作的开展都应符合高校心理健康教育的目标，为实现高校心理健康教育的目标而服务。

（三）高校心理健康教育的纵向目标

从人的本性、教育性和心理性出发，高校心理健康教育的纵向目标可以表述为使受教育者在心理上积极适应、主动发展和幸福生活。其中，心理上的积极适应是心育的基础目标，心理上的主动发展是心育的高级目标，而心理上的幸福生活是心育的终极目标。这样的表述既体现了人性和教育的功能，又将心育与其他的教育类型区别开来，从而揭示了心理健康教育的本质特征。

1.积极适应

人们想要满足自己的需要，达到既定的目的，就必须适应外在环境，与外在环境保持平衡。适应就是人们与环境发生调和作用的过程。积极适应侧重积极满足人的生存需要，做到心理上对内外环境的协调和统一。

心理上的积极适应，指人在适应环境和事物时，心理各构成要素（认知、情感、意志、个性等）均处于有意识的、肯定的、活跃的和进取的状态。它不仅要适应环境，而且要改造环境；不仅是一种人生态度，而且需要相应的本领或技能。例如，学生在学习心理上的积极适应，表现为他（她）在认知上是积极的，由"要我学"上升为"我要学"的境界，是一种对学习材料的积极感知、积极记忆、积极思考、积极想象和积极建构，是情感上乐意学、意志上志于学、个性上好学、技能上会学的状态。这样的适应不是靠本能就能实现，而是要靠教育，尤其要靠心理健康教育才能实现。

外界环境（包括自然环境和社会环境）处在不断变化之中，人们想要生活得更好，就必须善于适应多种多样的变化，特别是社会的急剧变化。事实上，当前高校学生诸多心理问题的发生常常和不能够积极适应环境变化有关。因此，将心理上的积极适应作为心理健康教育目标具有时代意义。

2.主动发展

所谓主动发展，就是个体在积极适应的基础上，充分发挥自身的主观能动性，主动开发心理潜能、主动提升心理素质，从而使自身的心理得到更快、更好的发展。主动发展包括这样几层含义：①发展需要充分调动个体的主体意识，需要主体自觉、积极地参与；②发展是有目的、有计划的，对发展结果的憧憬往往是发展的诱因之一；③发展是对心理潜能的主动开发，往往需要个体克服心理惰性。

心理健康教育的重要目标之一就是培养受教育者的主动性，使受教育者无论接受什么样的学科教育、参与什么样的学科活动，都伴随着主体意识，能做到主动发展。没有心理上的主动发展，个人终将平庸一生，碌碌无为，更谈不上自我实现。因此，将主动发展作为心理健康教育的目标之一，有利于为社会主义建设培养更多的高素质人才。

3.幸福生活

这一心理健康教育目标同马克思所说的人的享受需要密切相关。这里的幸福生活不同于物质上的幸福生活。这里的幸福是指主观感觉上的幸福，或称主观幸福感。因此，这里的幸福生活展开来说就是在主观上感觉幸福地活着或从事为生存和发展而进行的各种活动。所谓幸福教育，就是要教育学生能够以欣赏的态度对待学习、工作和他人，并从中得到乐趣，使学生能够树立正确的幸福观。

（四）高校心理健康教育的横向目标

高校心理健康教育的横向目标是上述纵向目标的具体化。从心理健康的横向结构上看，高校心理健康教育的纵向目标可以分别在认知、情感、意志、个性、人际关系等方面得到实施。

1.高校心理健康教育的认知目标

认知是心理学中的一个术语，包括感知、记忆、想象、思维等形式。通常，人们把它当作构成人心理过程的一个方面，简称"知"。

（1）认知的积极适应目标

避免观察的盲目性、片面性，做到观察的自觉性和全面性；避免记忆的模糊性、无序性，做到记忆的精确性和有序性；避免想象的被动性、单调性，做到想象的主动性和丰富性；避免思维定式，做到思维灵活、机动；避免注意力不集中、精力分散，做到注意力集中、精力旺盛。

对高校学生来说，积极适应的认知品质主要体现为积极、认真的学习态度，掌握高效学习的认知策略和方法。

（2）认知的主动发展目标

高校心理健康教育不仅应该要求受教育者积极适应社会环境，还应该开发受教育者的智力和创造力。帮助受教育者不断挖掘积极的认知品质，提高注意力、观察力、记忆力、想象力、思维力和创造力，提高自我效能感；正确认识人与人之间的智力差异，使受教育者了解自己的优势智力，鼓励、支持受教育者充分发展自己的优势智力，寻找适合自己的发展方向、发展途径和发展领域。

（3）认知的幸福生活目标

使高校学生发现美、欣赏美、创造美，正确认识幸福，具备感受幸福的素质，培养高校学生感受和创造幸福的能力；使高校学生以学为乐，欣赏学习过程，享受教育乐趣。

2.高校心理健康教育的情感目标

情感是人对客观现实的一种特殊反应，是人对外界事物的态度，也是人对客观存在是否符合自己需要产生的体验。情感教育是以培养高校学生积极的情绪和情感为主要目的的教育。对受教育者个体而言，一方面，认知和情感的发展是紧密相关的；另一方面，情感教育能够促进高校学生的心理健康，使其潜力得以充分发挥。情感教育既能通过培养高校学生的情绪、情感控制能力来预测其心理和行为问题，也能成为矫治高校学生心理和行为问题的突破口。因此，情感教育的目标主要包括培养受教育者的社会性情感品质和提高其情感调控能力。情感目标根据高校心理健康教育的纵向目标作出不同的要求，具体表现在以下几个方面。

（1）情感的积极适应目标

避免冷漠、冲动、紧张、焦虑、抑郁、嫉妒、喜怒无常等不良情绪，做到善于进行情绪认知和情绪识别，情绪表达和情绪理解；学会情绪主导和情绪平衡，情绪控制和情绪宣泄，情感发展和情感培养。

（2）情感的主动发展目标

培养受教育者爱祖国、爱集体、爱人民的高级社会情感；培养受教育者爱科学、爱知识、爱真理等求知情感；注重对义务感、责任感、成就感和荣誉感的培养。

（3）情感的幸福生活目标

提高高校学生的主观幸福感，促进高校学生的沉浸式体验，即投入到一种活动中去而完全不受其他干扰的影响。这种体验容易调动学生的参与积极性。

3.高校心理健康教育的意志目标

意志是个体自觉地确定目的，根据目的支配、调节行为，从而实现预定目的的心理过程。高校心理健康教育的意志目标是提高高校学生承受挫折的能力，培养高校学生良好的意志品质。

（1）意志的积极适应目标

避免优柔寡断和草率决定，培养自身的独立性、果敢性、坚毅性和自制性。

（2）意志的主动发展目标

引导高校学生主动制订活动计划并积极参与活动。在活动中，学生要既要尊重事物发展的客观规律，又要虚心听取别人合理的建议，应该为了实现合理的目的，主动自觉地遵守纪律，克服困难。

（3）意志的幸福生活目标

鼓励高校学生追求正当幸福，体验奋斗之乐。

4.高校心理健康教育的个性目标

个性指一个人的整个心理面貌，是具有一定倾向性的各种心理特征的总和。高校心理健康教育的个性目标可以概括为促进社会适应和完善个性品质，具体表现为以下几个方面。

（1）个性的积极适应目标

避免孤僻离群、粗鲁狂妄、畏缩自卑、自由散漫、逃避责任等不良个性品质，培养学生自信、自制、自立、自强等优良个性品质。

（2）个性的主动发展目标

培养高校学生良好的个性品质，完善高校学生的人格，挖掘高校学生人格中的积极力量。具体说来，高校学生人格中的积极力量包括对世界充满好奇，爱学习，具有创造性、判断力、批判性思维和开放性思维等。

（3）个性的幸福生活目标

培养高校学生乐观豁达的积极人格。使高校学生在休闲生活方面，能够积极主动地寻找并享受健康有益的活动。

5.高校心理健康教育的人际关系目标

人际关系是人与人之间由于交往而建立起来的一种心理关系，它反映了个人或群体寻求满足其社会需要的心理状态，表明了人们在相互交往过程中关系的亲密性、融洽性和协调性的程度。人际关系的好坏对个体心理健康有重要作用，高校学生处理各种人际关系的能力直接体现了其心理健康水平。因此，与人际关系有关的心理健康教育就显得非常重要。

（1）人际关系的积极适应目标

避免恐惧、敌意等心理，做到善于交往，在交往中保持独立，不卑不亢，尊重、信任、理解他人，能在集体中与人和谐相处。

（2）人际关系的主动发展目标

培养高校学生主动建立和谐人际关系的意识和能力，使高校学生能够积极主动地交往、沟通，并积极有效地处理沟通交往中的心理障碍，积极主动地培养和谐的师生关系、同伴关系等。

（3）人际关系的幸福生活目标

使受教育者为能善于利用人际关系的资源而感到快乐。

第二节　高校心理健康教育的内容

高校心理健康教育的内容是为高校心理健康教育的目标服务并受目标制约的，因此，笔者将高校心理健康教育的内容概括为三大方面：积极适应型心理健康教育、主动发展型心理健康教育和幸福生活型心理健康教育。

一、积极适应型心理健康教育

（一）学习上的积极适应

学习上的积极适应最重要的是提升学生的学习力。自学习力这一概念提出以来，不同学者对学习力的构成要素形成了不同的认识。一般来说，学习力可以分为组织学习力和个人学习力。就个人学习力来说，人们通常认为学习力就是一个人的学习动力、学习毅力、学习能力的总和。同理，组织学习力就是团队或个人的知识获取动力（学习动力）、知识获取能力（学习能力）、知识内化能力（知识吸收能力）、知识外化能力（知识运用能力）的总和。知识获取动力，即学习动力，学习动力源于人们的学习动机。知识获取能力，即顺利完成学习活动所必需的能力，它反映了人们完成学习任务的可能性，具体可表现为人们获取知识的有效学习方法、良好的学习习惯。知识内化能力，即人们记忆、吸收、思考、消化知识的可能性。知识外化能力，即人们根据情境灵活运用所学知识，转化成财富并进一步创造知识的能力，表现为人们对知识的应用、复制和创新。

（二）人际关系的积极适应

人际关系是人们为了满足某种需要，通过交往形成的人与人之间相对稳定的心理上的关系，主要表现为心理上的远近、亲疏和厚薄。人们很在乎同周围人的人际关系。所谓人际关系的积极适应，即积极主动、乐于、善于建立并维持和谐的人际关系。

人际关系的辅导与教育，又称社交辅导或人际交往教育。具体到大学生这一群体，则指运用有关心理健康教育的理论和技术，指导大学生的人际交往过程和人际交往活动，提高大学生人际交往质量，进而促进大学生人格健全的一种教育活动。

人际关系中的种种不协调现象，往往会使大学生产生偏激行为。因此，高校心理健康教育要教给大学生人际交往的技巧，使他们学会交往、合作，懂得尊重、理解、信任和宽容别人。

（三）应考的积极适应

考试作为检查学生基本知识、基本技能掌握情况和能力形成情况的一种手段，是教学过程的重要组成部分。对教育管理部门来说，考试是评估教学质量、检查教学效果和考核教师业绩的重要依据；对教师来说，考试是获得教学反馈信息、了解学生学习情况和检验教育教学效果，以便更好地总结教学经验和改进教学工作的有效方法；对学生来说，考试是了解和检验自己的学习状况，明确努力方向、调整学习计划的必要环节。

应考的积极适应表现为：使学生以坦然的心态对待考试。许多学生在面临考试，特别是和升学、择业密切相关的重大考试时，常会出现一些诸如焦虑、恐惧等应试心理问题。正因为这样，做好应试心理指导也是高校心理健康教育不容忽视的内容。应试心理指导的内容颇多，主要包括考前复习心理指导、克服考试焦虑的心理指导、应考方法心理指导等。

二、主动发展型心理健康教育

建构主义认为，学生积极的心理品质是可以主动建构的。心理健康教育的重要内容之一就是要充分发挥学生的主观能动性，培养学生积极的心理品质。这既是心理健康教育的发展性目标所要求的，也是心理健康教育所追求的最高境界。主动发展型心理健康教育主要包括以下内容。

（一）主动建构积极的认知品质

所谓主动建构积极的认知品质就是要树立建构主义的理念，积极主动地培养大学生的感知、记忆、思维、想象等优良心理品质。研究发现，人有多种智力，如语言智力、数学逻辑智力、音乐智力、空间智力、运动智力、人际智力、自知智力等。建构积极的认知品质，即重视一般智力的开发与培养，不断提高大学生的注意力、观察力、记忆力、想象力和创造力。

（二）主动建构积极的情绪和情感品质

积极的情绪和情感体验是积极心理学关注的重点内容之一。个体的积极情绪和情感体验不仅是其心理健康的体现，而且对自身心理健康起着维护和改善作用。

（三）主动建构积极的意志品质

主动建构积极的意志品质，应做到以下几点：一要独立思考，坚持真理，充满自信；二要善于观察事物的发展变化，通过分析、比较，去伪存真，明辨是非，迅速、坚决地作出决定；三要有百折不挠的精神，遇到任何挫折都不灰心。

（四）主动建构积极的个性品质

心理学中的个性概念与我们日常生活中所讲的个性有所不同。在日常生活中，人们往往认为一个"倔强""要强""坦率""固执"的人很有个性，而"文雅""平和""斯文""柔弱"的人没有个性。这种看法在心理学领域是不对的。其实，在心理学上，这正是两种人所分别具有的不同的个性，它们都是在一定的遗传的基础上，经过后天不同的生活和实践的磨炼而形成的带有倾向性的个体心理特征，是一个人区别于其他人的精神面貌或者心理特征。人们之所以觉得前者有个性，后者没个性，是由于前者的个性特征比较鲜明，后者的个性特征不太明显，不容易给人留下深刻的印象罢了。

三、幸福生活型心理健康教育

幸福的主观性很强，不同的人有不同的理解，故而人们很难对幸福进行明确的界定。目前，多数心理学家从人的主观精神层面探讨幸福，并将这种主观感受到的幸福称为主观幸福感。大家比较公认的观点是幸福与多种心理因素相联系，包含了幸福的感情、需要、认知和行为等诸多因素。幸福是人类的追求，古今中外的思想家从不同的角度对幸福进行了研究，提出了各种各样的幸福观。

这里所说的幸福生活型心理健康教育是指运用心理学的理论和方法，对个体学习和工作之外的生活，诸如休闲、娱乐等进行指导和教育，通过培养个体健康的生活情趣、乐观向上的生活态度和良好的行为习惯，帮助个体感知、体验和创造幸福生活，学会享受生活，提高生活质量，提高个体的主观幸福感，以促进学习和工作效率的提高以及个性的健康发展。

第三节　高校心理健康教育的措施

一、组织文化活动

高校文化活动是社会文化在校园活动中的反映和表现，同时，其对促进高校学生心理健康具有良好的调节作用。健康的校园文化活动有利于学生之间的相互理解和共同进步。例如，进行学习经验的交流，可以促进校风、学风的建设；举办辩论赛、演讲赛，可以促进学生认识能力和分析能力的提高；开展文体活动，则能增强学生的集体主义观念等。这类校园文化活动不仅可以培养学生的观察力、记忆力、思维力、想象力、创造力，还能促进学生良好心理素质的形成和发展。此外，还可以举办高校学生心理健康知识讲座，通过游戏、互动的方式来加深大家对心理健康知识的了解。

心理教育的宗旨是促进学生心理的良好发展，要实现这一宗旨，就必须充分唤起学生的主体活动意识，让他们积极主动地参与各种各样的高校文化活动。高校文化活动缩短了心理教育与学生之间的距离，寓教育教学于活动中，使学生在不知不觉中受到教育。高校文化活动能充分满足学生的自我表现欲，增强学生的自信心，让他们在实践中尽情地表现自我，享受成功的喜悦。同时，高校文化活动可增强学生的责任感，促使他们积极承担为家庭、为社会做贡献的责任。

二、发展高校体育

高校体育与高校学生心理健康关系密切，如何在高校体育中融入心理健康教育，既是高校心理健康教育的一个研究课题，也是学校体育工作者亟待研究与解决的问题。

（一）高校体育和高校学生心理健康互动研究的理论依据

1.以全面发展的教育方针为依据

高校体育和心理健康教育是全面发展教育的重要组成部分，它们与整个高等教育构成一个互相联系、互相贯通的大体系。高校体育在教育目标、教育功能上和心理健康教育有某些交叉和重叠之处，良好的心理素质有助于学生学习和掌握体育运动技能。因此，开展高校学生心理健康教育可以为高校体育工作的实施与发展打下良好的基础，同时，体育教学效果的提高又能有效促进高校学生心理健康教育工作的开展。

2.以高校学生身心发展规律为依据

遵循高校学生身心发展规律，是高校体育和高校学生心理健康教育能够实现互动的基本前提。高校学生的心理发展依赖于其身体各方面的发展，生理上的发展为他们的心理发展奠定了基础。高校学生的生理已经基本趋于成熟，但心理发展尚未完全成熟、稳定。因此，高校学生在成长过程中会遇到这样或那样的困扰和矛盾，会形成各种各样的心理问题，并且这些问题往往是发展性的，是其成长中不可避免的。

（二）高校体育和高校学生心理健康互动模式的基本建构

充分挖掘高校体育教育资源，深入开展高校学生心理健康教育，既需要有关部门的统筹规划、组织协调，又需要各部门、各方面明确分工，密切配合；既需要相关专业教师相互交流与沟通，优势互补，又需要多方面的配合和支持，以形成合力。建构科学、系统的互动模式是促进高校体育和高校学生心理健康教育有效互动的基础和保障。目前，要想促进高校体育与高校学生心理健康教育的有效互动，就应着力构建以下两大系统。

1.高素质的师资队伍体系

高校体育与高校学生心理健康教育能否实现有效互动，很大程度上取决于从事体育教育和心理健康教育的教师队伍的心理素质和业务素质。就目前来看，高校心理健康教育和体育师资队伍的专业素质还远远不能适应高等教育飞速发展的客观形势，远远不能满足广大高校学生日益增长的心理健康需要。为此，必须从提高教育者自身的心理素质和业务素质两方面来加强高校心理健康教育和体育师资队伍体系的建设。

提高教育者自身的心理素质，主要有两条途径：第一，教育者努力学习，不断提高自身的思想道德水平和心理健康水平；第二，在心理健康教育中心的协调组织下，强化心理健康教育专（兼）职教师和体育教师间的交流和互动，通过教育者之间的优势互补，共同提高心理素质。

在提高教育者的业务素质方面，主要采取以下三种办法：第一，定期培训与考核；第二，加强教研活动；第三，合理配置师资力量。

2.高效益的互动运作体系

第一，重视高校体育教学与心理健康课堂教学的主渠道、主阵地作用。教师在深化体育教学内容改革，丰富心理健康教学内容的基础上，通过课堂教学普及心理健康知识，传授心理调适方法，使高校学生了解并体会心理问题产生和发展的过程，帮助高校学生消除心理障碍，提高其心理健康水平，从根本上预防心理问题的发生。

第二，充分发挥课外体育、运动竞赛和非心理健康教育课堂的作用。根据高校学生在不同发展阶段普遍存在的心理问题，应适时举办群体性活动，组织多形式的讲座和报告，帮助学生解答疑惑，如将新生心理健康教育的重点放在使其尽快适应新环境上，帮助其完成从中学到大学的心理转变等；对于大二、大三的学生，应主要帮助他们解决专业和人格发展等方面的困惑；对即将毕业的大四学生来说，心理健康教育的重点应放在就业心理调适和职业生涯规划上。

第三，营造文明、健康的校园体育文化氛围。校园体育文化是学校特有的一种文化现象，健康、积极、向上的校园体育文化氛围会潜移默化地优化学生的心理品质，促进体育活动的开展。高校要利用校园广播、互联网、校报、橱窗等宣传媒体，宣传体育知识，普及心理健康知识。

第四，积极扶持高校学生群体社团，以高校学生喜爱的运动项目为载体，开展丰富多彩的文体活动和心理健康教育活动，使高校学生的心理健康教育和高校体育不再囿于传统模式。

三、进行课堂教学

课堂教学作为我国高校学生心理健康教育的主要方式，在高校心理健康教育工作中发挥着独特的作用，但也面临着诸多困境。

（一）我国高校心理健康教育课堂教学的独特性与重要性

经济发达国家的高校学生心理健康教育起步早、发展快，逐步从早期的矫正性治疗发展到当前的预防性、发展性指导，其心理健康教育的服务内容主要包括职业和学业选择指导、学生的社会问题和情绪问题咨询、对问题学生进行行为治疗和具体的学业指导等。我国的高校学生心理健康教育工作起步较晚，且存在学生基数大、专（兼）职教师不足、专业机构缺乏等诸多困难。经过20多年的发展，我国高校学生心理健康教育工作的领域逐步拓宽，水平不断提高，在借鉴国外先进理念的基础上，结合我国国情，形成以课堂教学为主，兼具个体咨询、团体辅导的高校学生心理健康教育模式。

课堂教学作为我国高校学生心理健康教育的主要渠道，具有重要意义和作用。一方面，课堂教学是解决我国高校学生基数大、心理健康教育专（兼）职教师数量不足的有效途径，有利于让更多学生接受心理健康教育与指导。另一方面，课堂教学也是开展心理健康教育的有效渠道。有调查显示，我国高校学生心理健康现状不容乐观，使用高校学生人格问卷测查工具检出的一类学生（具有严重心理问题的学生）人数接近学生总数的 1/3，除此之外，还有很多存在潜在心理问题的高校学生。然而，事实上只有极少数的高校学生能主动寻求心理咨询服务，更多存在心理问题和潜在心理问题的高校学生因不了解自己的心理状态，或担心被贴上"心理有病"的标签而不敢寻求专业帮助。相对而言，课堂教学的形式更容易被学生接纳，能够为高校学生提供发展性建议，以预防其心理问题的产生，也为存在心理问题和潜在心理问题的高校学生提供自我矫正与恢复的方法。

（二）当前我国高校心理健康教育课堂教学中存在的问题

1.教学形式上存在的问题

心理健康的标准不是个体掌握多少"正确"的心理健康知识，而是是否拥有积极的情感体验、适度的情绪表达与控制、切合实际的生活目标、完整与和谐的人格、恰当和清晰的自我认识、良好的人际关系等。因此，与重视学科逻辑结构和知识体系的传统学科教学不同，心理健康教育课应是集心理知识的传授、心理活动的体验、心理调适技能的训练为一体的综合性课程，应尤其重视学生的自我体验、分享及其在生活中的实践应用。目前高校学生心理健康教育普遍采取的是大班教学的形式，每个教学班包括 2～3 个行政班级，约 100 名学生。大班教学的一大问题是课堂互动受限，课堂上教师多以单向的知识讲授为主，将心理健康教育课定位为心理健康知识的普及课，因而难以开展丰富多彩的体验式活动及组织有效的分享讨论活动，使课堂教学失去应有的活力。

2.教学内容上存在的问题

从内容上看，目前高校学生心理健康教育课涉及的范围是很全面的，包括心理健康的基础知识（如心理困扰与异常心理的识别、心理咨询介绍等）、自我认识与发展（如自我意识培养、人格发展等）及各类心理调适能力（如学习、恋爱、就业、压力应对等）。这些内容基本涵盖了大学阶段个体心理健康的方方面面，提供了从预防、指导到矫正、治疗的多方面知识与技能。然而，高校学生心理健康教育课一般只有 32～36 个学时，平均到每个主题就只有 2～3 个学时，如果每个主题都包括从讲授基础知识点到活动体验与讨论再到实践应用的环节，则各环节都只能蜻蜓点水、浅尝辄止，很难给学生带来触动，无法起到有效的指导作用。事实上，每个学生心理发展的短板和需求是各不相同的，有的学生可能在人际关系方面存在困扰，而有的学生则在学业或生涯发展方面需要更多的指导。这就要求心理健康教育课不能仅仅"全而泛"，还应做到面与点相结合，在对重要课题领域进行概述的基础上，根据学生的发展现状和需求进行有针对性的深入指导。

3.课程设置上存在的问题

个体是不断发展变化的，其心理状况也是随之变化的。在不同的发展阶段，高校学生遇到的典型问题可能存在不同。例如，一般新生的问题突出表现为新环境适应困难，难以应对各类变化；大二阶段开始涌现各类人际关系问题；大三阶段最突出的问题表现为学业倦怠、迷茫，职业生涯规划不明确；大四学生则最需要压力与挫折应对、就业等方面的指导。但就目前高校心理健康教育课的开展情况来看，课程往往被安排在大一进行，只有极少学校开设了全校范围的心理健康教育方面的选修课。这样一方面，会导致心理健康教育课的学习内容与大一学生的发展特点不匹配，课堂教学内容与学生主体缺乏共鸣，难以激发学生的学习兴趣；另一方面，当学生进入新的发展阶段，出现相应的心理困扰和指导需求时，缺乏获得有效发展性指导的途径，进而可能会导致更多的学生出现心理问题。

（三）高校心理健康教育课堂教学模式的探索

基于我国高校心理健康教育课堂教学的独特作用及其存在的问题，笔者提出发展"面与点相结合"的高校心理健康教育教学模式。一方面，压缩"面"的教育内容，即在心理健康基础知识、自我认识与发展及心理调适能力等课题领域只进行基础知识与技能的传授；另一方面，增加"点"的针对性指导，即针对学生不同发展阶段的需求，进行更深入、更有针对性的指导。在现有课堂教学的基础上，主要进行以下改进。

首先，基于学生的心理发展现状分班教学，对不同学生群体进行有针对性的指导。大一阶段除进行传统心理健康教育，还应当增加基于学生发展现状的针对性指导。在操作中，可基于新生心理健康测评结果进行分班教学。督促学校根据测评结果，对可能存在心理健康问题的学生及时组织力量进行进一步的心理评估，以便搞清这些学生的心理问题的性质和严重程度，并分情况给予不同的处理。

其次，根据学生不同发展阶段的需求，在其他年级开设心理健康教育相关选修课程。除大一之外，还有必要针对不同年级学生的发展需求开设相应的心理健康教育课程，供有指导需求的学生选修。心理健康教育延伸课程亦属于"点"的指导，是围绕某一具体课题领域展开的深入而有针对性的指导，以体验活动和讨论小组为主，注重培养学生的实际应用能力和解决问题的能力。

再次，通过培训有条件的辅导员、聘请专家举办讲座等多种途径克服师资力量不足的困难，建立课堂教学的新模式。无论是基于学生的心理发展状况进行分班教学，还是开设心理健康教育选修课程，都需要更多专业的心理健康教师。在"面"的普及教育中，应加强既有专（兼）职心理健康教育教师的专业技能和教学技能培训；在"点"的针对性指导中，可通过多种方式补充师资力量，例如，动员有条件的辅导员参与到心理健康教育的课堂教学中，充分调动社会资源、聘请相关领域的专家举办专题讲座或开展各类活动等。

四、促进家校合作

高校学生的心理健康发展对高校学生的健康成长具有重要影响，而在高校学生心理健康发展的过程中，家庭教育能够产生直接的影响，并且家庭教育能够与社会教育和学校教育产生密切的联系。在高校学生心理健康问题日益严重的情况下，家庭、学校任何一方都不能单独解决问题，家校合作才是一条值得期待的解决途径，即家庭给予学校更多的支持，学校带给家庭更多的指导，双方通过有效的交流合作帮助高校学生解决心理问题。

笔者通过查阅相关文献资料，从家庭因素的重要性、家校合作的必要性、家校合作的现状及问题，以及对家校合作的建议四方面切入，旨在通过探讨家庭因素对高校学生心理健康的影响以及学校与家庭对接时存在的问题，提出家校合作的相关建议。

（一）家庭因素的重要性

高校学生心理健康状况涉及家庭、社会、教育及学生自身等多种因素，其中，家庭因素尤为重要。家庭因素基本可以概括为家庭经济情况、家庭结构、家庭氛围、家庭教育四方面，这些因素对高校学生产生的负面影响会成为引发其心理问题的隐患。

1.家庭经济状况

家庭经济状况是影响高校学生心理健康的一个重要因素，这主要关系到学生平时的生长环境、接触到的人群、受教育程度等。比如，个别家庭经济条件较差的高校学生必须依靠贷款、助学金、勤工俭学等助学途径来完成他们的大学学业，这使他们在日常的学习和生活中容易感到自卑，增加其心理负担，为其心理问题的产生埋下隐患。

2.家庭结构

高校学生在不同的家庭结构下，其成长自然会受到不同的影响。比如，部分单亲家庭和重组家庭中的孩子更容易缺乏归属感和安全感，对人际关系会更加敏感；有些独生子女不善于处理与周围人的关系，承担责任的能力也稍差一些；部分留守家庭中的孩子因缺少关爱，感到自卑。

3.家庭氛围

家庭氛围主要指家庭成员间的亲密程度，其会对高校学生的幸福感产生重要影响，从而影响到高校学生的心理健康状况。这一影响最直接的来源就是父母关系，父母关系不和谐常常导致他们的子女不善于表达自己的情绪，心理压力得不到及时释放，容易出现心理问题；父母关系和谐，家庭成员交流沟通就会更顺畅，这有助于子女的心理健康。

4.家庭教育

家庭教育主要是指父母对子女的教育，这在子女的中小学教育阶段占有重要地位。父母的文化水平、受教育程度及职业都会影响到其对子女的教育，父母的期望与观念可能成为子女压力的间接来源。相比之下，综合素质较高的父母更善于理解和尊重子女，能较好地注意到子女心理情况的变化，能够与他们进行更有效的交流，并及时指导他们解决问题，在这种教育环境下成长的学生往往具有更好的心理素质。

（二）家校合作的必要性

1.家庭对高校学生的心理健康有重要影响

家庭是高校学生形成自身人格的基本环境，其对学生的心理健康也会产生根本性的影响。高校学生心理问题往往是由于家庭因素对其心理造成伤害，或者是遇到问题时家人没有起到积极作用，在大学时期他们再遇到类似问题时便会暴露出其心理弊端。学校在解决学生的心理问题时若能与家庭合作，便能从根源上发现问题，更高效地帮助高校学生解决心理问题。

2.家庭可作为学校心理健康教育的推手

对学生而言，师生关系并没有亲子关系那样亲密，学生与教师交流时并不能做到完全的坦白，这对学校解决高校学生的心理问题来说是不利的。相较于学校的契约性而言，家庭关系更具有盟约性，可以缓解学校对学生进行心理干预时出现的矛盾与冲突。而且在家长的帮助下，学校也可以更好地找出学生心理问题所在、鉴别问题类型，从而制订更好的解决方案。

3.家校双方都不能独自解决学生的心理问题

高校学生心理问题的解决需要家校双方的通力合作。大部分高校的心理健康教师更多关注的是事发后的补救措施，而未着眼于家庭因素的根源性，很难彻底解决高校学生的心理健康问题。学校的有效引导能帮助高校学生正确地认识来自家庭的各种压力因素，将自己从心理压力之中释放出来。利用家庭影响的基础性作用与学校心理疏导的指导性作用，将学校教育和家庭教育结合起来，才是构建高校学生心理健康教育工作体系的重要途径。

（三）家校合作的现状及问题

家校双方的有效合作目前还处于"纸上谈兵"的阶段，没有完整的规划，可操作性不强。双方都存在问题，如家长对学生情况的漏报和瞒报、高校忽视与家庭的沟通等问题都会影响到双方的合作。

1.家庭方面的问题

近年来，高校学生的心理健康问题受到社会各界的关注。笔者从收集的三所高校本科生的症状自评表了解到，约有1/3的高校学生面临着心理方面的困扰，强迫症、人际关系敏感等心理问题更频繁地出现在高校学生群体之中。为准确掌握学生心理的健康状况并及时作出干预，各大高校都在完善本校的心理健康教育工作体系，但目前，学校承担了几乎所有的学生心理干预指导工作，而学生成长的家庭却没能发挥更积极的作用。不可忽视的是，家庭是学生形成自身人格的基本环境，其对学生的心理健康会产生根本性的影响，当学生出现心理问题时，不能仅仅依赖学校来解决，应从学生出生、成长的家庭环境入手寻找问题的根源，这就需要家庭、学校通力合作，共同促进高校学生的健康成长。

2.学校方面的问题

一方面，大部分学校缺乏资金支持和专门负责家校合作的职能部门，使得家校合作的工作实施起来存在诸多困难，在人力、物力、财力、精力等方面都捉襟见肘。在这种情况下，学校自然会放弃或者说只做表面工作。另一方面，很多学校开展新生入学会、家长会等活动时更加注重的是学校的宣传，而不是与家长交流合作，以预防高校学生心理问题的发生。学校往往是在学生出现问题之后再通知家长，但这时家长容易产生消极情绪和抵触心理，很难理性地与学校合力解决问题，使得双方的合作很难开展。

（四）家校合作的建议

1.完善沟通的方式与途径

学校应在沟通方式上兼顾传统与流行，通过书信、微信、电话等形式将学生在校的生活状态告知家长，使家长能够及时了解学生的心理状况，同时还能了解学生的家庭情况。另外，家访、家长会这种面对面的交流方式也是不能缺少的，毕竟面对面的交流能够更直接地发现问题并且一起寻找解决方案。

由于每个家庭的文化背景、经济情况、家庭结构不同，家长参与教育的行为、家校合作的程度也会有差异。针对不同家庭存在的具体问题，学校可在学生入学或放假时，以小型探讨交流会的形式对家长进行短期培训，内容涉及帮助子女更好地适应高校生活、更好地与人沟通等。通过这些短期培训，家长会对家校合作有更深层次的认识。

2.建立档案

创建档案，有据可查。一方面，可以在学生心理问题出现或者恶化之前进行干预，以减小损失；另一方面，可以在发现学生有心理问题时寻找问题根源，便于对症下药。为有心理问题的学生建立档案，应收集三方面的内容：第一，高校学生原生家庭状况、经历过的重大事件等；第二，高校学生性格品质、心理问题属性等反映心理状况的资料；第三，高校学生的人生理想、兴趣爱好等。创建档案有利于全面掌握高校学生的信息。只有全面、客观地了解学生的心理健康状况，才能为科学、有效的教育管理提供理论依据。

3.培养专业队伍

借鉴现有家校合作方面的经验，高校应建立专门推动家校合作的职能部门，致力于研究、改革家校合作。此外，学校要主动完善家校合作的沟通机制，使其组织化、制度化，以确保家校合作的连续化、规范化和长久化。学校还可以招聘更多德才兼备的全（兼）职心理健康指导教师，并定期对教师队伍进行专业培训，建设一支专业的心理健康教育队伍，使其成为家校合作的策划者、组织者、参与者和指导者等。

在高校学生心理健康问题日益严重的背景下，家校合作的重要性和必要性毋庸置疑。虽然家校合作在我国并无太多可借鉴的经验，但这是一个值得我们去探索、实践并不断完善的能有效解决高校学生心理问题的途径。

第四章　高校学生的自我意识

第一节　自我意识概述

一、自我意识的概念

自我意识的出现不是意识对象或意识内容的简单转移，而是人的心理发展进入了一个全新的阶段，是个体社会化的结果。自我意识不仅使人们能够认识和改造客观世界，而且能帮助人们认识和改造主观世界。

早在古希腊时期，苏格拉底就提出了"认识你自己"，人们开始关注现实人生，将目光从神投向人类自身。人类对自我意识的真正研究始于文艺复兴运动，人文主义者针对中世纪神学对人性的扼杀、对个性自我的否定进行了尖锐的批判，并喊出了"我是凡人，我有凡人的要求"的人性解放之声。此后，法国哲学家笛卡尔最先使用了"自我意识"这一概念，提出了"用心灵的眼睛去注意自身"的精辟论断，揭示了发现自我意识的途径。笛卡尔之后，有关自我的研究得到了空前的发展。

自我是心理学的重要内容。精神分析学派创始人弗洛伊德提出了"自我三结构说"，即本我、自我、超我，从人格的三个维度上研究自我的发展。美国心理学家詹姆斯（W. James）提出，凡属于我或与我有关的事物都是自我的内容，如身体、品质、能力、愿望、家庭等，自我从物质自我、精神自我和社会自我三个层次起作用。美国社会心理学家库利（C. H. Cooley）指出：自我是一面镜子，它从别人那里反映自己的行为，自我是经历无数次他人评价而形成的社会产物。美国社会心理学家及哲学家米德（G. H. Mead）则认为，自我分为主体我和客体我，主体我代表每个人的自然特性，而客体我代表自我社会的一面。主体我先于客体我形成，客体我形成需要很长时间，自我意识的发展过程就是主体我与客体我不断对话的过程。

自我意识是意识的核心部分，就是对自我的认知，或者说自己对自己的认知。它包含自我认知、自我评价和自我控制。如果再进一步简化，自我意识是对自己及自己与周围环境关系的认识，包括对自己存在的认识，以及对个体身体、心理、社会特征等方面的认识。这种认识是个体通过观察、分析外部活动及情境、社会比较等途径获得的。

具体来说，自我意识包括以下三个方面的内容：

第一，个体对自身生理状态的认识与体验，如对自己身高、体重、身材、容貌等的认识，以及对生理病痛、温饱饥饿、劳累疲乏等的感受。

第二，个体对自身心理状态的认识与体验，如对自己的知识、能力、兴趣、爱好、性格、气质、情绪等的认识和体验。

第三，个体对自己与周围关系的认识与体验，如对自己在群体中的地位、作用、权利及自己和他人的相互关系的认识、评价和体验。

二、自我意识的分类

自我意识可以分为生理自我、社会自我、心理自我、品德自我。

生理自我指个体对自己生理特征，如自己的身高、体重、身材等的认识。对于自身生理状态比较认同，会增强自信；对于自身生理状态不太认同，会产生改变自我的动力。适度的完美倾向会让人设法努力改变自我，如有的人觉得自己眼睛小或是鼻子不高，要通过整形手术来改变自身容貌，达到对生理自我的满意。但是，如果有过分的完美倾向，就会让人陷入不断整容的误区。

社会自我在大的方面指个体对自己隶属于某一时代、某个国家、民族、社会阶层的认识；小的方面指个体对自己隶属于某个家庭，在群体中的地位如何，经济状况怎样，今后希望与哪些人竞争或合作，希望融入怎样的群体等的认识。

心理自我指个体对自己的气质、能力、性格、智力、需要、动机等心理特质的认识，包括情绪体验，如我是否高兴。

品德自我即自我的行为是否符合社会道德规范的要求，是否遵守法律制度及特定的制度约束的自我体验。如军人要遵守军纪军规，学生要遵守校规等。还包括对自我的道德体验是否满意等。

三、自我意识的构成

自我意识是一种多维度、多层次的复杂心理现象，它由自我认知、自我体验和自我控制三种心理成分构成。这三种心理成分相互联系、相互制约，统一于个体的自我意识之中。

（一）自我认知

自我认知是主观自我对客观自我的认知与评价，包括自我感觉、自我观察、自我印象、自我分析、自我评价等。自我认知回答的问题是："我是谁？""我是个什么样的人？"中国有句古语："人贵有自知之明。"研究发现，个体对自我认知不清晰、不精确，自知力不强，会导致误判自我，或自负，或自卑，从而出现诸多心理问题或人格障碍。拥有正确的自我认知，对个体的心理会产生重大的积极影响。

（二）自我体验

自我体验是主观自我对客观自我产生的情绪体验，是在自我认知基础之上产生的。自我认知决定自我体验，而自我体验又强化着自我认知。自我体验对个体成长具有不可替代的重要作用。有时，同样的事件，他人的体验与自身的体验截然不同。自我体验要回答的问题是"我是否喜欢自己""我是否满意自己"等，主要是一种自我的感受。自我体验的内容十分丰富，包括自尊心、自信心、义务感、责任感、优越感、荣誉感、羞耻感等。特别是自尊心、自信心对人的影响很大。自尊心强的人通常不甘落后，力争上游，具有不达目的不罢休的好胜心。自信心是人们成长与成才不可缺少的重要心理品质。一个人如果自卑，看不到自己的力量，总认为自己不行，久而久之就会形成一种思维定势，会给自己的学习、生活带来不良影响；一个人如果对自己有自信心，坚信自己能够成功，就会积极努力地工作。

（三）自我控制

自我控制是自我意识的意志成分，是对自己的思想、行为和言语的控制，以达到自我期望的目标。如几点钟起床，不随地吐痰。自我控制对个体的学习、工作具有推动作用，使个体为了获得优秀成绩、社会赞誉，达到自己的目标而做出不懈努力，包括自我激励、自我暗示、自强自律。自我控制要回答的问题是"我将如何规划自己的人生？""我应该做什么？""我应该成为什么样的人？"等。

自我控制是自我意识的关键环节。"知"与"行"之间有很长的路，高校学生常常"心动而不行动"。事实上，心动是一件很容易的事，而真正历练意志则需要更多的自我控制。成功的人普遍有较强的自我控制力。

总之，自我认识主要解决"我是一个什么样的人"的问题，自我体验主要涉及"对自己是否满意""能否悦纳自己"这类问题，而自我控制则要解决"如何有效地调控自己""如何改变现状，使自己成为一个理想的人"之类的问题。三个方面整合一致，便形成了完整的自我意识。

四、自我意识的作用

个体的自我意识与个体的成长发展息息相关。自我意识在个体成长和发展中具有导向激励、自我控制、内省调节等作用。

（一）导向激励作用

目标是人才发展的导航仪。一个人要想成就一番事业，就必须从自身实际出发，制定明确的目标，只有这样才能激发强大的动力。正确的自我认识并确立较为合理的"理想自我"能为个人将来的发展确定目标，对个人的认知、情感、意志、行动产生很大影响，是个体行动的动力。自我意识健全的个体在从事一项活动之前，就已经明确活动的目的和结果，并依此制订计划来指导自己的活动，最终达到预期的目标。

（二）自我控制作用

个体要想将来有所建树，首先要有科学的目标，同时还要有自立、自主、自信、自制的意识，并对自己偏离目标的情感和行动加以调节和控制。在通往成功的大道上，很多人与成功失之交臂并不是因为缺乏机会和才华，而是因为缺乏自我控制的能力。自我控制是自我意识发挥能动作用的一个重要表现，它是成功的卫士，是自我意识的一个很重要的功能。缺乏自我控制能力的人很难获得成功。

（三）内省调节作用

自我意识健全的个体不仅能够确立符合个体的理想自我，还能够通过自我控制来实现预期目标。由于主客观条件的制约，理想自我的实现常常会遇到各种障碍，致使个体产生不同程度的挫折感。这时，自我意识就会对自己的认识、情感、意志、行为等进行反省，找到受挫折的主客观原因，并重新调整认识，形成新的理想自我，使其与现实自我趋于统一。内省和调节就是个体在成长中所进行的自我监督和自我教育，人们需要有积极的自我意识，随时对自我的认识、情感、意志和行为加以反省和调节。

（四）自我期望作用

自我期望是以自我意识为基础而发展起来的，并且个体的行为也取决于自我意识的性质。自我意识积极的学生，其自我期望值较高，当他取得好成绩时，就认为这是意料之中的事，好成绩正是他所期望的。自我意识消极的学生，当他取得不好的成绩时，会认为这是意料之中的事，偶尔考了个好成绩，就会喜出望外；反过来，差的成绩又加强了他消极的自我意识，形成恶性循环。

由于自我意识引发与其性质相一致的期望，并使人们倾向于采取可以使这种期望得以实现的行为方式，因而自我意识具有预言自我的作用，这在心理学上被称为"自验预言"。

第二节　高校学生自我意识的发展

一、高校学生自我意识的发展特点

（一）高校学生自我认知的特点

1.自我认知不断深化

高校学生的自我认知不仅包括自身的外表、行为举止等外在特征，还涉及本身的气质、风度和性格等内在因素，甚至还涉及自己的社会地位、社会责任、自我价值等问题。通过对这些问题的分析和思考，高校学生的自我认知不断深化，从而达到新的广度和深度。

2.自我认知更具自觉主动性

很多高校学生会思考"我是一个什么样的人？""我可能和应该成为怎样的人？""我的前途如何？""我做了些什么？还能做些什么？"这些问题的解答都涉及高校学生的自我认知，他们强烈地期待着一个满意的或比较满意的答案。他们往往会主动地把自己和周围的同学、教师做比较，以此来认识自己、评价自己；也会主动地参照社会上的学者、工程师、经济师、政治家、英雄人物，力图将社会的期望内化为自我的品质，并对自己作出评价。

3.自我评价趋于客观全面

高校学生的自我评价建立在自我认知的基础上。随着高校学生的知识增加、社会经验不断丰富，他们对自己的分析、评价逐渐变得全面、客观，对自己的优缺点有了较正确的认识，并能选择自己的长处进行发展，开始具备在自觉基础上的"自知之明"。但是，高校学生自我评价的能力有很大的个体差异。

（二）高校学生自我体验的特点

在当代，随着高校学生自我认知的不断深化和多元发展，他们自我体验的内容和形式也发生了前所未有的变化，这些变化的具体特征表现为以下几个方面。

1.自我体验的丰富性

高校学生的学习、生活日益丰富多彩，交往范围也日益扩大，社会活动参与度提高，知识经验不断增长，这些都为他们丰富自我体验提供了有利条件。例如，个体由于争强好胜、不甘落后，希望能用行动表明自己是强者，就产生了好胜心；由于意识到自己的能力高低而产生了自豪、自尊或自卑、自惭；由于缺乏他人的理解，内心孤单、寂寞等。

2.自我体验的深刻性

高校学生的自我体验是深刻的。他们的自我体验不仅与自己的个性特点相联系，还与自己的生活信念、人格倾向相联系。当自我的生活信念和人格倾向为别人所容纳，或客观事物符合自己的生活信念时，个体就会产生愉快的情感体验，否则就产生消极、不愉快的情感体验。

3.自我体验的不稳定性

认识是情感的基础。高校学生自我认识的矛盾性，以及对自我的认识还在发展中，使得他们的情感体验表现出明显的不稳定性。而且他们的个性还不够成熟，缺乏驾驭情感的意志力量，生理的成熟、外界环境的刺激等都会对他们的心理造成巨大的冲击。他们可能因一时的成功而产生积极、愉快的情感体验，甚至骄傲自满、得意忘形；也可能因一时的挫折、失败而贬低自我或丧失自信心，甚至悲观失望。到了高年级，当高校学生的自我认识和自我控制有所发展后，这种不稳定现象才逐渐减少。

（三）高校学生自我控制的特点

1.自控能力显著提高

自我调控能力的提高，是高校学生自我意识成熟的标志之一。与中学生相比，高校学生更希望主宰自己的命运。随着知识的积累、生活阅历的增加，高校学生的自我认知和自我评价水平增强，他们能够根据别人的评价和自己的行动结果进行反省，及时调整自己的行为和目标。这说明高校学生行为的自觉性和自我控制能力明显增强，而盲目性和冲动性逐渐减少。值得注意的是，高校学生自我控制水平仍缺乏一定的稳定性，还需进一步发展和完善。

2.自我规划意识增强

高校学生大都对自己的未来充满了信心与希望，他们有着强烈的自我规划和自我构建的愿望。他们根据自我规划的"最佳自我形象"不断地丰富知识、培养能力、形成良好的性格与品德。很多高校学生的成就动机非常强，他们希望干出一番事业，能对社会、对祖国有所贡献，以实现自己人生的价值。

3.独立意识与依附心理共存

独立意识也叫独立感，是指个体力图摆脱监督和管教的一种自我意识倾向。高校学生在生理发育上已完全具备成人的特点，心理成熟和社会成熟也已达到较高的水平。通过对自我的认知、体验、控制和调节，他们逐渐确立了一个新的成人式的自我，成人感特别强烈。一方面，他们渴望自立、自制，并且希望自己尽快独立，得到与成人一样的尊重和理解；另一方面，由于经济上的依赖及心理上的不成熟，他们往往眼高手低，很多时候不知道该怎么做，或者由于惰性等原因不主动去做。具体表现就是等待心理——等待教师的指导，等待同学的帮助等，这种独立意识与依附心理的矛盾，常常给高校学生带来一定的困扰。

二、高校学生自我意识的发展规律

高等教育阶段是个体自我意识平稳发展的时期，自我认知、自我体验、自我控制等方面也逐渐协调，这种发展现象有一个明显而又颇为典型的规律，即分化—矛盾—统一。

（一）高校学生自我意识的分化

高校学生自我意识的发展是从明显的自我分化开始的，表现为以往那种笼统的、完整的"我"被打破，出现了"主观的我"和"客观的我"，"理想中的我"和"现实中的我"。其中"主观的我"处于观察者的角度，"客观的我"则处于被观察者的角度。

自我意识的分化是自我意识走向成熟的标志。随着自我意识分化越来越明显，高校学生开始主动关注自己的内心世界，对生理自我、心理自我、社会自我产生新的认识和体验，自我反省能力增强，自我形象的再认识更加丰富、完整和深刻，自我体验更加丰富多彩，自我思考增多，如经常思考自己应该怎样做，能怎么做，不应该怎么做，不能怎么做等问题，开始要求有属于自己的一片天空，渴望得到别人的理解和关注。

（二）高校学生自我意识的矛盾

自我意识的分化，使高校学生开始注意到自己以往不曾留意的方面，同时也意味着自我矛盾冲突的加剧。由自我意识的分化带来的矛盾冲突是高校学生自我意识发展过程中的必然现象，当然，它会给高校学生带来不安、疑惑与困扰，可能还会影响到他们的心理健康，但它更会促使高校学生努力解决矛盾，实现自我意识的统一，从而推动自我意识向着成熟发展。

自我意识中常见的矛盾主要有以下几种。

1.主观自我与客观自我的矛盾

一方面，很多高校学生由于缺乏社会经验，往往对自我有较高的积极评价。另一方面，随着高等教育普及化进程的推进，适龄青年接受高等教育机会的增加，社会对高校学生的评价更趋客观。

2.理想自我与现实自我的矛盾

在现实生活中，理想自我与现实自我总是存在一定的差距。合理的差距能够使人不断进步、奋发有为。但是，如果差距过大，则有可能引起自我分裂，导致一系列心理问题。

3.独立与依赖的矛盾

一方面，高校学生生理与心理的成熟使他们渴望独立，以独立的个体面对生活、学习中遇到的问题，但由于长期的校园生活使他们的社会阅历与经验相对缺乏，当危机事件出现时，他们又盼望亲人、教师和同学能够替自己分忧。另一方面，高校学生心理上的独立与经济上的不独立也形成了明显的反差。在他们迫切希望摆脱约束、追求独立的同时，又不可能真正摆脱家长和教师的支持与帮助。特别是对于某些独生子女来说，由于长期受到父母的溺爱，他们内心独立与依赖的矛盾就表现得尤为突出。

4.渴望交往与心灵闭锁的矛盾

一方面，高校学生渴望得到爱与友谊，渴望与人交往与分享，渴望自我价值得到实现，渴望成为群体中受尊敬与欢迎的人。另一方面，高校学生的自我表达又受到心灵闭锁的影响，一些学生与同学有意无意保持着一定的距离，存在着戒备心理，不能完全敞开心扉交流与沟通思想。这也是高校学生常常感到"与同学交往不如在中学时那么真诚"的原因所在。

5.理智与情感的矛盾

高校学生情绪的一个显著特点是容易两极分化，情绪或高昂或低落，波动性大，易冲动，不易控制。但随着身心的发展和认知水平的提高，高校学生渐渐成熟，在解决客观问题时，既能满足自己情绪与情感的要求，又能够满足社会及他人的需求。

（三）高校学生自我意识的统一

自我意识的矛盾冲突，常常会给高校学生带来不安或心理痛苦，他们总是力图通过自我探究来摆脱这种不安与痛苦。在自我意识的矛盾冲突中，高校学生的自我意识也在不断调整和发展，他们不断寻求新的支点，寻找自我意识的统一点，统合自我意识。自我意识的统一有多种形式，既有积极的、和谐的、有利于心理健康发展的统一，也有消极的、不协调的、不利于心理健康发展的统一。自我意识统一的过程也是自我同一性的过程，即主观自我与客观自我的统一、理想自我与现实自我的统一，自我认知、自我体验、自我监控的统一。这种统一是在自我评价、他人评价（包括群体评价和评价他人）的过程中逐步实现的。

1.积极自我的建立

积极自我的建立，即对自我有比较清晰、客观、全面、深刻的认识，使理想自我与现实自我趋于统一，主观自我与客观自我趋于一致，对自我的认识更加深刻、客观和理性。高校学生不仅要了解自己的长处，也要了解自己的不足，能够分析哪些是通过努力可以达到的，哪些是即使努力也无法企及的，从而进行积极的自我肯定，向着理想自我迈进。

2.消极自我的调节

消极自我分为两个方面：自我贬损与自我夸大。自我贬损型的人对现实自我的评价较低，并时常伴有无价值感、自我排斥、自我否定。他们不但不接纳自己，甚至自我拒绝、自我放弃，表现为没有朝气、随波逐流、缺少激情，生活没有目标，其行为结果则更加自卑，从而失去进取的动力。自我夸大型的人正好相反，他们的自我评价非常高，往往脱离客观实际，常常以理想自我代替现实自我，盲目自信，虚荣心强，心理防御意识强。其行为结果要么表现为缺乏理智，情绪冲动，忘记现实自我而沉浸于虚无缥缈的自我设计中；要么自吹自擂、自我陶醉，却不去为实现理想自我做出努力。

自我贬损与自我夸大的共同特点是对自我评估不正确、理想自我不健全，缺乏实现理想自我的手段，形成后的自我虚弱而不完整，是一种不健康的自我统合。高校学生必须看到自我调节的多重性，只有有目的地调节自我，才能提高自我发展水平。

三、高校学生自我意识发展的影响因素

（一）主观因素

1.人生理想

高校学生处于生理和心理还未完全成熟的时期，自我意识也处于发展之中。因此，理想的树立对他们来说是成长过程中一个重要的环节。首先，在高校学生自我意识的形成和发展过程中，理想的影响表现为理想的感召力。理想是人的自觉的精神追求，高校学生如果自觉地把个人理想和社会理想结合起来，就会正确认识自我和各种社会现象。反之，夸大个人理想，把个人理想和社会理想对立起来，既不能正确认识自己，也不能正确认识社会。其次，理想总是有一定现实根据的。有许多高校学生的自我发展不顺利，理想得不到实现，就是没有根据现实确立理想，"理想自我"与"现实自我"差距太大，无法统一。

2.价值观

价值的本质就是主体的功能和作用对客体（社会）需要的满足。人的价值就是指个人作用对客体（社会）需要的满足。在不同价值观的影响下，个体有不同的自我意识。高校学生自我意识的一个特点是"理想自我"与"现实自我"的冲突。教育工作者应鼓励学生在集体主义价值观的指导下树立"理想自我"，这种"理想自我"不是一切以自我为出发点，而是考虑到社会现实与自我的关系、社会现实对自我发展的约束，这样才能正确认识自我的地位、作用，正确地对待自我价值，从而形成符合国家和社会利益的自我意识。

3.思维模式

辩证的思维模式能全面地认识自我、评价自我，在"理想自我"与"现实自我"等自我的各种冲突矛盾中能进行辩证的思维，有机地整合和统一自我的矛盾冲突；偏颇的思维模式则不能全面认识自我、评价自我，在自我的冲突矛盾中不能进行辩证的思维，很难整合和统一自我的矛盾冲突，从而使自己陷入焦虑和痛苦。不同的归因方式也会影响个人的自我意识。将个人的失败归因于运气、机遇等不可控制的外在客观因素，趋于自我保护和防御，缺乏正视现实和挫折的勇气，不利于自我认识和反省；将个人的失败归因于能力、水平等自身内在因素，又容易丧失自信、自尊，导致自我畏缩性行为。只有辩证地归因，才能不断奋起，取得成功。

4.心理与人格特征

高校学生在心理上尚未完全成熟，一些难以克服的心理和人格弱点成为影响他们自我意识发展的又一个重要因素。高校学生有限的认识水平、不够强的心理承受力、性格上的缺陷等，都会影响他们自我意识的发展。

（二）客观影响

1.文化氛围的影响

当前，我国正处于历史性变革时期，在这样一种特定的社会环境下，文化氛围的影响包括三个方面：

一是社会主导文化的影响。社会主义核心价值体系是我国社会主义文化的引领和主导，受这一社会主导文化的影响，当前高校学生投身改革、奋发向上、报效祖国、推进社会进步成为主流。

二是社会亚文化的影响。社会亚文化是某一社会中处于次要的、从属地位的文化。一般来说，高校学生难免会受到它的影响。在这种情况下，一部分高校学生难以给自己找到准确的定位，也就难以实现对自我的正确认知与评价。

三是受西方文化思潮的影响。随着我国改革开放的深入，西方文化也逐渐渗透到我们生活、学习和工作的各个层面，高校学生的自我意识也不可避免地会受到影响。面对这种影响，一部分高校学生能够正确分析对待，另一部分高校学生则会丧失自己的原则，过分追求个人利益。

2.社会环境的影响

改革开放的不断深入，以及社会转型的加剧，为高校学生施展才华提供了更为广阔的天地，但也给他们带来了更多的心理矛盾与心理压力。高校学生的心理、思想还没有完全成熟，对社会环境还不能作出完全正确的分析和判断，因此社会风气对高校学生的自我认识、自我评价，对高校学生关于理想、前途的认识，都会产生重要影响。

3.社会榜样的影响

从某种角度来说，人们都是在模仿他人的活动中获得自我发展，没有一个人是完全独立成长而不受他人影响的。在各种人物的影响中，社会榜样的力量非常大。社会榜样是一个时代良好精神和优秀品质的代言人，能够熏陶和感染一批年轻人，尤其是高校学生。社会中有大量在各行各业兢兢业业的榜样，他们也是高校学生的无言老师，高校学生可以借助榜样的力量实现自我意识的发展。

4.网络的影响

目前，几乎所有的高校学生都会使用网络。网络世界的隐匿性、交互性、便捷性等为高校学生进行信息搜集和信息交流提供了广阔的平台，使他们不再一味受制于"父母之言、老师之训"，可以根据自己的喜好在网络世界中获取自己所需的信息。可以说，网络对高校学生自我意识的发展具有巨大的影响。

第三节　高校学生塑造健全的
自我意识

一、自我意识健全的标准

（一）自知之明

具有健全自我意识的人应该是一个有自知之明的人，对现状和未来有明确的认识，既知道自己的优势，也知道自己的劣势，能正确评价自我和发展自我。

（二）积极而客观的自我评价

积极而客观的自我评价是健全自我意识形成的重要内容。只有以积极的态度去认识和评价人和事，客观而理性地分析现象背后的原因，才能体验到愉悦的情绪，产生积极的人生态度。

（三）自尊与自信

自尊是高校学生必备的个人品质，只有自尊才能自信，只有自信才能不畏艰难，坦然面对困境，健康向上。

（四）自主并乐于合作

高校学生应能够独立地分析和思考问题，有明确的自我意识，有独立的见地，不受他人暗示，善于独立解决自己或周围的问题，能够独立控制自己的行为，并愿意与他人合作。

（五）自我同一性良好

自我同一性就是指生理自我、社会自我、心理自我的整合统一。三者统一协调发展，自我同一性就处于良好状态；相反，三者矛盾冲突，则自我同一性发展不良，容易导致各种心理问题的发生。

（六）行为协调

自我意识良好的人，有主客观相统一的理想追求，对自己不会提出苛刻的、无法实现的期望和要求。高校学生的主观愿望与客观条件有时难以达到统一，而且往往是客观条件落后于主观愿望，这是可以理解的。要使自己的心理状态达到平衡，并使自己顺利地达到目标，就要让主观和客观条件达到基本统一。具体表现为以下两点：一是个体能认识到自己的优势与不足，看到客观条件提供的可能性、现实性，使自己的行动尽量切合实际，从实际出发，踏踏实实地采取行动，积极地追求理想。二是能正确对待挫折。挫折是个体在有目的地进行活动时，遇到无法克服或自以为无法克服的障碍和干扰。具有良好的自我意识的人，能正确地进行自我评价，即使遇到挫折，也有较强的心理承受能力，不会轻易被挫折打倒，能不断地排除消极情绪，更好地适应环境、适应社会。

二、高校学生塑造健全自我意识的意义

健全的自我意识具有良好的自主功能，对高校学生的个人发展有着举足轻重的作用。高校学生能否强化自我意识，个体意识与社会需求是否统一，都直接影响高校学生能否成为一个独立的人，能否成为一个为社会所接纳并能实现自我价值的人。

（一）有利于高校学生的个性完善

具有健全自我意识的高校学生能够设定明确的发展目标，明确目标的价值和可行性，并根据目标有意识地调节自己的行为，抑制不良因素的影响和诱惑，有意识地充实自己的内心世界，丰富自己的情感体验，培养良好的情感品质，保证自己按照正确的方向健康发展。健全的自我意识还能促使高校学生顺应时代的发展，主动迅速地收集、利用各种信息，努力调整学习方法，完善知识结构，发挥聪明才智，发展特殊才能，保持旺盛的精力，以适应社会的变化，使自我更加成熟，个性更为完善。

（二）有利于高校学生的自我开发

高校学生的心理还不够成熟，所思所行都是为正式进入社会做准备，具有很大的可塑性和内在潜力。这就需要健全的自我意识去促进自我开发，使自己成为一个合格的、为社会所接纳并受欢迎的人。

（三）有利于高校学生独立性的发展

高等教育阶段是个体走向独立的重要时期。虽然仍有成人的关心与爱护，但要实现真正的独立，很大程度上取决于其自我意识的发展状况。个体能力的提高不是来自外在的压力，主要是来自自身的愿望与内驱力。只有当高校学生开始追求事物的内在意义，能够客观、公正地评价自我，具备正确决策与选择的能力时，才说明他们真正独立了。

（四）有利于高校学生增强心理承受能力

健全的自我意识能使高校学生增强心理承受能力，善于调整不良情绪，进行自我重建，顺利克服各种心理危机，使自己的行为在个体化与社会化之间实现协调、平衡。

三、高校学生塑造健全自我意识的途径

对高校学生来说，拥有健全的自我意识是很重要的。高校学生自我意识的健全是高校学生完善自我个性，实现自我价值的重要途径。

（一）正确认识自己

全面认识自我是形成健全自我意识的基础。如果一个人能够全面、正确地认识自我，客观、准确地评价自我，就能量力而行，为确立合适的理想自我，并为之实现而不懈努力。美国心理学家勒夫（J. Luft）和英格拉姆（H. Ingram）提出了关于人自我认识的视窗理论，该理论认为人对自己的认识是一个不断探索的过程。因为每个人的自我都有四部分：公开的自我、盲目的自我、秘密的自我和未知的自我。

一般而言，认识自我的主要渠道有以下几个方面。

1.通过对他人的认识来认识自我

个体与社会、与他人有着密切的联系，个体要超出自身来认识自我，必须通过认识他人、认识外界来进行。所以，高校学生应该积极投身于认识世界、改造世界的社会实践活动中，在其中不断地丰富自己对自然、社会、他人的认

识，并在此基础上进一步认识自我。深刻的自我认识是以深刻地认识和理解他人、社会为前提的。通过分析他人对自己的评价来认识自我。

心理学家研究发现，个体的自我认识受他人评价和态度的影响，并在一定程度上反映了他人的评价和态度。当然，高校学生并不是简单地接受他人的评价，评价者的特点、评价者所作评价的特点都会影响到高校学生对他人评价的接受程度。很多高校学生在接受他人评价之前，总是分析评价者及其所做的评价，然后才有选择地接受他人的评价，形成自己的观念，达到自我认识。所以，有效地开展同学间的互评，教师给予具体而有个性的正确评价都将有助于高校学生自我认识能力的提高。

2.通过与他人的比较来认识自我

个体对自我的认识不是孤立地进行的，而是常常需要通过与他人相比较才能实现。在与他人比较的过程中，个体才能认识到自己能力的高低、道德品质的好坏、追求的目标是否恰当等。

心理学家曾做过这样一个实验：首先请希望在某单位谋职的一群高校学生对自己的个人特性作出评价，然后出现一个假装谋求同一职位的人。其中，一组学生见到的是衣着讲究、温文尔雅、手提公文包的人（干净先生），另一组学生见到的是穿着破烂、手脚忙乱的人（肮脏先生）。然后，找借口让高校学生重新填写自我评价表。结果发现，遇到"干净先生"的学生，自我评价普遍降低了，而遇到"肮脏先生"的学生，自我评价普遍提高了。

这说明，人们总是不由自主地将自己与他人进行比较，在比较中对自己作出评价。在对高校学生进行自我教育的过程中，教师要引导高校学生不仅要与自己情况差不多的人比，更要敢于与周围的强者比。在比较中认清自己的优势和劣势，达到取长补短、缩小差距的目的。

3.通过自我比较来认识自我

人们不仅可以通过与他人的比较来认识自我，而且可以通过把目前的"自我"与过去或将来的"自我"进行比较来进一步认识自我。心理学家曾提出

"自尊＝成就/抱负"，这说明个体的自我评价不仅取决于他的成就，还取决于他的抱负水平，取决于两者之间的比较。过去的成就水平越高，个体越容易积极地评价自己；而指向未来的抱负水平越高，个体越不容易满足，越难对自己作出肯定的评价。所以，教师一方面应鼓励学生超越自己，不要满足于现有的成绩，但另一方面也应引导学生确立恰当的抱负水平，不要一味给自己设置过高的目标。

4.通过自己的活动表现和成果来认识自我

自我意识是个体实践活动的反映，个体对自己在实践活动中的表现和成果可以为个体认识自我提供依据。个体正是在从事各方面的活动中，展示自己的聪明才智、情感取向、意志特征和道德品质的。引导高校学生正确分析自己的活动表现和成果，有利于他们客观认识自己的才能、兴趣爱好，进一步发挥自己的长处，弥补自己的短处。

5.通过自我反思和自我批评来认识自我

高校学生已经具备了一定的自我反思和自我批评的能力。教师应教育学生不断地对自己的心理活动进行反思，对自己进行一分为二的分析，严于解剖自己，敢于批评自己，在自我解剖和自我批评中，更深刻地认识自我。

（二）正确接受自己

在面对"理想自我"与"现实自我"的差距时，高校学生最重要的是学会自我接纳。自我接纳是指个人对自身及自身所具有的特征所持的一种积极的态度，既能欣然接受现实中的状况，也要允许自己存在不足。在生活中，高校学生可以从以下几点做到自我接纳。

1.爱自己

在许多人的印象中，"爱他人"和"爱自己"似乎是对立的。实际上，爱自己是爱他人的前提，自爱的人才有能力去爱别人。

2.接纳自己

每个人都不完美，都有长处和不足，我们要学会面对不完美的自己，接受有缺陷的自己。学会与自己做朋友，关心自己的身体和心理状况。

3.保持乐观

高校学生可能会面临各种生活、学习和人际交往的压力，时常会遇到各种挫折和冲突。他们应学会用积极的眼光看待事物，尽量避免消极和悲观的想法；关注事情的积极面，寻找解决问题的方法，而不是沉溺于问题本身。只有这样，才会给自己创造更多的成长空间。

（三）科学自我调控

从心理健康角度来讲，自我调控是人主动地、定向地改变自己的心理品质、特征以及行为的一个心理过程，是自我心理结构中最重要的调节机制，也是心理成熟的最高标志。高校学生情感丰富，但极易冲动，主要是由于他们的自控能力还较差。随着年龄的增长、学识的增加、经验的累积，高校学生的自我控制能力会逐渐增强，他们能够及时根据别人的评价和自己行动的结果进行反省，并及时调整自己的行为和目标。

高校学生可以从以下几个方面有效地控制自我。

1.有明确的行动目标

没有目标的人生就像一叶无人驾驭的小舟，漫无目的地飘荡，而明确的目标正是成功的基础。目标与行动是紧密联系在一起的。没有行动的目标只会是纸上谈兵，只有付出实际行动才能逐步向成功迈进。正确的行动目标能够诱发人的动机、强化人的行为，并促使其向预定的方向前进。对于高校学生而言，由于心智尚未完全成熟，有时缺乏足够的自制力和意志，因此就要有明确的行动目标，并制订完善的行动计划，从而避免行为的盲目性。

2.善于自我检查监督

有了明确的行动目标并制订合理的行动计划之后，行动就应按照预定的计划有条不紊地进行。在行动过程中，要不断进行自我检查，根据实际情况及时调整行动，高校学生还应该认真领会社会道德准则的实质，并将其内化为个人的品德，确立个人内在的行为准则，以此来监督自己的行为。

3.提高自制自律能力

某种程度上，高校学生正处在人生旅途的起点，在这一旅途中，会遇到各种诱惑。高校学生要实现自己的人生目标，就必须抵制住诱惑，主宰自己的行动，这就需要顽强的意志力。人的意志力往往与自我控制能力密切相关，所以需要坚强的自我控制能力来约束自己的行为，克服消极的动机。

4.做好理想与现实之间差距的调控

众所周知，理想与现实之间总是会存在一定差距的，对于高校学生而言，他们的社会经验缺乏，难免会产生一些与自己个人能力不相符的想法。因此，他们需要具有良好的调控能力来面对这一差距。良好的调控能力可以帮助高校学生既敢于树立远大的理想和抱负，又能脚踏实地地处理好理想与现实的矛盾。理想是自我希望实现的目标，这个目标能否实现，取决于两个条件：一个条件是客观现实及其变化所提供的机遇，另一个条件是主体本身的素质。因此，高校学生在树立理想目标时，既要考虑到客观现实的可能性，又要考虑到主体本身的条件。

（四）积极完善自我

积极完善自我，即在个人现有素质、能力的基础上，自觉为超越自己而规划、设计的一种目标。对自我的完善，主要在于主动调节自身的行为、思想，从而使之更为适合自己当下所处的环境和状况，能够更为有效地帮助自己全面、多元发展，从而更好地适应社会的要求。

当前，完善自我的途径主要有以下几种。

1.确立正确的理想自我

确立理想自我，就是在自我认识、自我悦纳的基础上，按照社会的需要和个人的特点来确立自我教育的发展目标，最为重要的是要熟悉和了解社会，认识社会发展的规律，为理想自我的确立寻找合适的社会坐标，积极探索人生，理解人生，树立正确的人生观，为理想自我的确立寻找合适的人生坐标。要完成这一任务，就必须认真学习理论知识，积极开展社会实践，在理性和感性的结合上真正认识社会，在个人与社会的联系中认识有限人生的价值和意义。

2.培养良好的意志品格

拥有良好意志品格的人，在行动的自觉性、果断性、自制力和顽强性等方面都表现出较高的水平。而对自我的有效监督和控制，离不开意志的力量，只有意志良好、健全的个体，才会做到对自我的有效控制，从而最终实现理想自我。

总而言之，自我意识的健全需要付出艰辛的努力，它是每个追求卓越的人的终生课题。

第五章　高校学生的人格教育

第一节　人格的内涵、影响因素
及与身心发展的关系

一、人格的内涵

人格，是一种心理现象，亦称个性，它是个体在长期的社会生活实践中形成、发展起来的，反映了个体总体的心理面貌，是相对稳定的、具有独特倾向性的心理特征的总和。

人格对于一个人的工作和生活具有直接的影响，对于一个人的命运和前途具有直接的作用。通常而言，人格包含两层含义：

第一，人格倾向性。它属于人格中的动力结构，是人格结构中最活跃的因素，是决定社会个体发展方向的潜在力量，是人们进行活动的基本动力，也是人格结构中的核心因素，主要包括需要、动机、兴趣、理想、信念与世界观等心理成分。

第二，人格心理特征。它属于人格中的特征结构，是个体心理差异性的集中表现，它表明了一个人的典型心理活动和行为。其中包括完成某种活动的潜在可能性的特征，即能力；心理活动的动力特征，即气质；对现实环境的态度上的特征，即性格。

因为人格是个体在与环境相互作用的过程中所表现出来的独特的行为模

式、思维方式和情绪反应，所以，如果个体能与社会环境相适应，就具有正常的人格；反之，如果个体的情绪反应、言行举止、态度、信仰体系和道德价值特征等都与周围环境格格不入，人际关系紧张，则该个体可能有人格障碍。

人格是构成一个人思想、情感及行为的独特模式，这个独特模式包含了一个人区别于他人的稳定而统一的心理品质。这一简单的人格定义，包含了许多的内涵，它反映了人格的多种本质特征。

（一）独特性

"人心不同，各如其面"，这句俗语为人格的独特性作了最好的诠释。一个人的人格在遗传、环境、教育等先天及后天因素的交互作用下形成。不同的遗传环境、生存及教育环境，造就了个体各自独特的心理特点。例如，"固执性"这一人格特征，在不同人身上被赋予了不同的含义。在从小娇生惯养、被溺爱的人身上，这种固执性带有"撒娇"的含义；而在冷淡疏离、艰难困苦的环境下形成的固执性，则带有"反抗"的含义。这种独特性造成了人格的千差万别。

（二）稳定性

俗话说："江山易改，禀性难移。"一个人的某种人格特点一旦形成，就会比较稳定，要想改变它，是较为困难的事情。这种稳定性还表现在同一人格特征在不同时空下表现出一致性的特点。例如，一名性格内向的大学生，他不仅在陌生人面前缄默不语，在教师面前少言寡语，而且在参与学生活动时也沉默寡言，甚至毕业几年后在同学聚会时还是如此。

（三）统合性

人格是由多种成分构成的一个有机整体，具有内在的一致性，受自我意识的调控。当一个人的人格结构的各方面彼此和谐一致时，就会呈现健康的人格特征；否则，就会使人发生心理冲突，产生各种生活适应问题，甚至出现"分裂人格"。

（四）复杂性

鲁迅曾说："横眉冷对千夫指，俯首甘为孺子牛。"这句话说明了人的复杂性，人的行为表现出多元化、多层面的特征。人格表现绝非静水一潭，各种人格结构的组合千变万化，使人格的表现多种多样。每个人的人格世界并非由各种特征简单地堆积起来的，而是依照一定的秩序、规则有机地结合起来的。

二、人格的影响因素

塑造和培养良好的人格是个体成长与发展的关键。一个人的人生发展历程中有许多因素会影响到人格的发展，人格是先天因素、后天因素共同作用的结果。

（一）生物遗传因素

遗传是人格不可缺少的影响因素，但遗传因素对人格的作用程度因人格特征的不同而不同。通常来说，在智力、气质这些与生物因素相关性较大的方面，遗传因素较为重要；而在价值观、信念、性格等与社会因素关系紧密的方面，后天环境因素更为重要。人格发展过程是遗传与环境交互作用的结果，遗传因素影响人格发展的方向及形成的难易程度。

（二）社会文化因素

人既是一个生物个体，又是一个社会个体。在人出生后，各种环境因素的影响就开始了，并作用于人的一生。后天环境的因素是多种多样的，小到家庭因素，大到社会文化因素。而这些因素对高校学生人格的发展尤为重要。

人一出生，便置身于社会文化环境之中，并受到社会文化的熏陶与影响，文化对人格的影响伴随着人的终生。社会文化具有塑造人格的功能，这表现为不同文化的民族有其固有的民族性格，不同的地域有着不同的文化传统，不同的文化发展时期有着不同的文化认同。例如，米德（M. Mead）等人研究了新几内亚的 3 个民族的人格特征，结果表明：来自同一祖先的不同民族各具特色，鲜明地体现了社会文化对个体的影响力。居住在山丘地带的阿拉比修族，崇尚男女平等的生活原则，成员之间互相友爱、团结协作，没有恃强凌弱、争强好胜的现象，呈现一派亲和的景象。居住在河川地带的孟都古姆族，以狩猎为主，男女间有权力与地位之争，对孩子处罚严厉。这个民族的成员表现出攻击性强、争强好胜等人格特征。居住在湖泊地带的张布里族，男女角色差异明显。女性是这个社会的主体，她们每日操作劳动，掌握着经济实权，而男性则处于从属地位，主要从事艺术、工艺与祭祀活动，并承担养育孩子的责任。这种社会分工使女人表现出刚毅、支配、自主的性格，男人则有明显的自卑感。

（三）家庭环境因素

家庭对一个人人格的形成和发展具有重要和深远的影响。家庭是儿童成长的最初的环境，社会和时代的要求往往是通过家庭在儿童心灵上打下烙印的。许多精神分析学家认为，个体从出生到五六岁的时期，是人格形成最主要的阶段，这时一个人的人格类型已基本形成。在这个阶段，绝大多数儿童是由父母抚养长大的。因此，父母的教养态度对于一个人人格的形成和其今后的发展起着重要的作用。俗话说"有其父必有其子"，这句话不无道理。父母按照自己的意愿和方式教育孩子，使他们逐渐形成了某些人格特征。家庭教养方式会影响子女人格的形成，其方式一般可以分为以下三类：

第一类是权威型教养方式，这类父母在对子女的教育中，表现得过于专制，孩子的一切都由父母来控制。成长在这种教育环境下的孩子容易消极、被动、懦弱，具有较强的依赖性，做事缺乏主动性，甚至会形成不诚实的人格特征。

第二类是放纵型教养方式,这类父母对孩子过于疼爱,孩子多表现为任性、幼稚、自私、野蛮、无礼、独立性差、唯我独尊、蛮横胡闹等。

第三类是民主型教养方式,父母与孩子处于一个平等、和谐的家庭氛围中,父母尊重孩子,给孩子一定的自主权,并给予孩子积极正确的指导。父母的这种教育方式有助于孩子形成积极的人格品质,如活泼、快乐、直爽、自立、彬彬有礼、善于交往、富于合作、思维活跃等。

由此可见,家庭对孩子人格的培育起到了至关重要的作用,父母在养育孩子的过程中,表现出了自己的人格,并有意无意地影响着和塑造着孩子的人格。

(四)儿童早期经验

斯皮茨(R. A. Spitz)在对孤儿院里的儿童进行研究时发现,这些早期没有得到父母照顾的孩子,长大以后各方面的发展均受到影响。许多孩子患了"失怙性抑郁症",其症状表现为哭泣、僵直、退缩、表情木然,并且有人认为父母的遗弃会使儿童产生心理疾病,有可能形成攻击、反叛的人格。

个体人格的发展会受到其童年经验的影响,幸福的童年有利于个体人格健康发展,不幸的童年会导致个体不良人格的形成。但二者不存在一一对应的关系,宠爱也可以使孩子形成不良的人格特征,逆境也可以磨炼出孩子坚强的性格。早期经验不能单独对人格的形成起决定作用,它与其他因素共同影响人格的发展。儿童早期经验是否对人格造成永久性的影响因人而异,对于正常人来说,随着年龄的增长、心理的成熟,童年的影响会逐渐减弱。

(五)学校教育因素

学校是一个有目的、有计划地向学生施加影响的教育场所。教师对学生人格的发展具有指导定向作用。教师的人格特征、行为模式与思维方式会对学生产生巨大的影响。每个教师都有自己独特的风格,这种风格为学生设定了一个"教师气氛区",在不同的教师气氛区中,学生具有不同的行为表现。研究发现，在性情冷酷、刻板、专横的教师所管的班集体中，学生的欺骗行为会增多；在友好、民主的教师所管的班集体中，学生的欺骗行为会减少。心理学家勒温（K. Z. Lewin）等人也研究了管教风格不同的教师对学生人格的影响作用。他们发现在专制型、放任型和民主型的管理风格下，学生表现出不同的人格特点。

教师的公平公正性对学生有着至关重要的影响。一项有关"教师公正性对中学生学业与品德发展"的研究结果表明，学生极为看重教师对他们是否公平、公正，教师的不公正会导致中学生学业成绩的下降。班集体是学校的基本组织结构，班集体的特点、舆论和评价对学生人格的发展具有重要的作用。

（六）自我调控因素

上述各因素体现的是人格培养的外因，而外因是通过内因起作用的。人格的自我调控系统就是人格发展的内部因素，它是以自我意识为核心的。自我意识是人对自身以及对自己同客观世界关系的意识，具有自我认知、自我体验、自我控制三个子系统。自我调控系统的主要作用是对人格的各个成分进行调控，保证人格的完整、统一、和谐。

综上所述，在人格的培育过程中，各种因素对人格的形成与发展起到了不同的作用。遗传决定了人格发展的可能性，环境决定了人格发展的现实性。

三、人格与身心发展的关系

人格是人心理行为的基础，它在很大程度上决定了人如何对外界刺激做出反应以及反应的程度和效果。所以说，人格对人的身心健康、活动效率、潜能开发以及社会适应等方面有重要的影响。因此，重视人格的培养与塑造，既是自我成长与发展的需要，也是自我实现的需要。

（一）人格与身心健康

现代医学研究发现，许多身心疾病与相应的人格特征有密切的关系。这些人格特征在疾病的生成、发展中起到了促进、催化的作用。例如，冠心病的患者多表现出固执、急躁、好冲动、好胜心强的人格特征；癌症患者多表现为压抑、忧郁、逆来顺受的人格特征；哮喘病患者有过分依赖、敏感的人格特征；具有强迫性、抑郁特征的人容易患结肠炎、胃溃疡等疾病。

（二）人格与潜能开发

高校学生塑造健全的人格，不仅是为了预防疾病，更重要的是为了自我价值的充分实现。健全的人格能够帮助人们开发个人的潜能，改善个人的生活，并使其自身与周围环境相协调。近年来，人们逐渐认识到，影响高校学生成才的因素除智力以外，还有情商。情商是指除智力之外的综合人格品质，其中情绪起着非常重要的作用。通过心理数据分析发现，和成绩一般的学生相比，学习成绩优秀的学生在智力水平上并没有明显的差距，但优秀学生在心态上，也就是情绪的稳定性上，要比成绩一般的学生强很多。

（三）人格与自我完善

人格与人的思想品质互相影响、互相包容。塑造高校学生健全人格的过程，也是培养其思想品质的过程，两者相辅相成、互相促进。人格健全的过程就是一个人不断成长、日臻完善的过程。

（四）人格与事业成败

内心比较强大的人，往往更容易获得群体和他人的接纳与认可，也更容易获得帮助。研究表明，新生入学后的适应不良，往往与人格素质有关。在高校毕业生就业市场上，那些具有乐观、独立、自律人格特征的毕业生，获得就业的机会更多一些，在今后的事业发展中，也容易取得成就。

第二节　高校学生人格教育的内容及原则

一、高校学生人格教育的内容

（一）心理健康教育

大力加强高校学生心理健康教育工作是时代发展的需要，是社会全面发展对培养高素质创新人才的必然要求。它对于提高高校学生适应社会生活的能力，培养高校学生良好的个性心理品质，促进高校学生心理素质与思想道德素质、文化素质、专业素质和身体素质的协调发展，提高高等学校德育工作的针对性、实效性和主动性，具有重要作用。

加强高校学生心理健康教育的重要性并不亚于对其文化知识的传授。大学阶段正是学生的个性特征逐渐定型的关键阶段。而随着社会的发展，高校学生的压力也越来越大，导致部分高校学生的心理承受能力不足，情绪易波动，思考问题易走极端。因此作为学校，其要重视心理健康知识的教育与宣传。

心理素质是心理人格的关键，是坚持正确思想的基础，因此对学生心理素质的培养尤为重要。心理健康的人无论遇到任何事总能适度控制自己的情绪，既不会得意忘形，也不会意志消沉；既不会妄自菲薄，也不会自视甚高。

因此，教师在教学的同时要注意帮助学生提高心理素质，引导他们树立正确的人生观、价值观，保持乐观向上的生活态度，只有这样才能更好地帮助他们在生活中勇往直前，战胜困难。

（二）道德品质教育

想要让高校学生形成良好的心理素质，加强道德品质教育是必然选择。道德品质教育的目标是塑造高校学生良好的道德品质，引导他们形成公德意识，培养他们具有强烈的社会责任感，教育学生崇尚美德、乐善好施、甘于奉献、不怕险阻，使他们知法懂法，成为遵守公德、弘扬美德、维护道德的优秀青年。

为实现学生道德品质教育的目标，高校可深入开展法制教育、公益及爱心教育、责任感教育、诚信教育、感恩教育、勤俭节约意识教育等一系列活动。其中，责任感教育尤为重要。

二、高校学生人格教育的原则

（一）以人为本的原则

以人为本指人类所做的一切行为，均应以人的安全、人的生存、人的发展、人的自尊、人的享受等各种需求作为行动的对象和终极的目标，这也是达成人与自然、社会、精神三大属性辩证统一的最终需要。这一原则体现了两种内涵：第一，人是社会的主体，我们一切活动的出发点和根本目的就是以人为本；第二，人是具有自觉能动性的，应在最大限度上发挥人的积极性和创造力。德育的价值理念和思维原点应把以人为本作为重要内容之一，其中以人为本是对人的一种信赖和敬重。以人为本的德育理念的最重要之处就在于肯定了人类的潜能，是人类自身对于民主和自由的向往。高校应牢牢树立以人为本的教育理念，科学地把握人性的潜在规律，积极调动学生人性中的各种因素，使学生的创造性得到充分的发挥，以最大限度提升学生的主观能动性。

高校在进行人格教育时，应高度重视学生的主体性教育，将其培养成具有健康人格并能很好融入社会的人。

（二）人的全面发展的原则

对当代高校学生进行人格教育，虽然主体具有一定的特殊性，但受教育者的全面发展才是教育的最终目的，所以高校在教育过程中应力求以人的全面发展为目的。在当前各个高校所开展的道德教育工作过程中，能否树立以及如何贯彻科学发展观、习近平新时代中国特色社会主义思想，关乎学生成长，关乎国家命运。所以，应以科学发展观、习近平新时代中国特色社会主义思想作为高校学生人格教育的指导思想，坚持以学生为本，将教育的系统性、科学性、时代性、针对性、长效性作为目标，从而完善、发展高校学生人格教育。

（三）知行合一的原则

理论指导实践，实践是理论的来源，二者辩证统一。对于高校学生健康人格的形成，也可以理解为一个知行合一的过程。

高校对学生的人格教育容易出现两种偏差：一种是一味地强调对学生进行道德观念教育，而忽视对学生具体行为方式的引导；另一种是单纯地规范各种具体道德行为，而没能有效地进行理想道德教育。这两种相对片面的教育方式和理念都使得学生在知与行方面脱节，进而难以形成高尚的道德品质。所以，高校要贯彻知行合一的原则，即重视思想观念等方面的道德教育，从行为着手，引导高校学生积极实践。只有这样，才能把二者有机地结合起来，有效促进高校学生健康人格的形成和发展。

第三节　当代高校学生
人格教育的策略

一、树立以人为本的教育理念

树立以人为本的教育理念，就是要注重学生的主体性，尊重每一个学生，坚持从学生的发展需要出发，立足学生实际情况，充分发挥学生的主体作用。

首先，明确以学生为主体是实现教育以人为本理念的前提。明确以人为本的教育理念，高校就要以学生为本，坚持以学生为主体，培养学生独立思考、主动求知、积极探索等主体性人格，鼓励学生参与课堂教学活动，不断激发学生个性的发挥。

其次，开发潜能是实现教育以人为本理念的关键。以人为本应以充分开发个体潜力为己任，以丰富的知识、完整健全人格的培养为目的。高校在构建和谐校园时，应注意突出学生实践能力、表达能力、写作能力和组织能力等综合能力的培养，在问题解决过程中着重培养学生的创新思维。

最后，在构建和谐校园时，必须引导学生从书本中走出来，进入社会这个真实的环境中。人的知识的学习离不开社会生活，教育家陶行知先生说："没有生活做中心的教育是死教育，没有生活做中心的学校是死学校，没有生活做中心的书本是死书本。"

二、发挥教师的示范作用

孔子曰："其身正，不令而行；其身不正，虽令不从。"教育者的思想观念和一言一行对学生的影响很大。教师在日常教育教学过程中主要起到示范作用。教师道德高尚、纯洁、光明磊落的人格对学生能起到极大的示范作用和引导作用，学生对其认同后就会进行自我模仿，从而自觉地形成良好习惯。

三、加强高校学生心理健康教育

当代高校的心理健康教育应该根据学生实际情况和教育规律，确定相应的教学内容和方法。教师要通过对高校学生的心理研究、心理测验、心理调适、心理引导等项目来帮助高校学生了解正确的思维方法，提高心理承受能力，培养健康的心理素质，使他们能正确地面对复杂的社会环境，形成良好的心理素质和人格品质。

除此之外，还可以通过心理咨询的方式来加强高校学生心理健康教育。比如，针对个体的心理咨询，不仅使感觉不适的学生能得到及时的心理健康教育和心理疏导，帮助其逐步控制心理情绪的波动，使其心理认知得到完善，更重要的是能够及时发现和避免由于心理问题所导致的更严重的校园安全事件。

四、培养团队精神和集体主义思想

学生团队是由学生组成的一个共同体，它能合理地利用每一个学生的知识和技能协同工作、解决问题，以达到共同的目标。高校应从加强教育和积极实践两个方面培养学生的团队精神和集体主义思想。

首先，加强教育。通过主题班会宣讲和日常交流讨论，使高校学生明白团队精神和集体主义思想的重要性。当今社会，工作和生活中的很多事情都无法由个人来完成，而需要依靠集体的力量，教师应以各种社会现象为实例，引导学生增强团队意识、树立集体观念。此外，还需要教育学生掌握驾驭团队、融入集体的方式和方法。

其次，积极实践。当代高校学生是非常活跃的群体，善于探索、乐于实践。对于他们的团队精神和集体主义思想应多从实践的角度来培养。例如，通过外出活动、心理游戏、素质能力拓展等方法，让他们感受到团队协作的乐趣和集体的力量。这样，学生在理论联系实际的同时，强化了团队精神和集体主义思想。实践证明，在正确方式的引导下，绝大多数学生会从集体的角度思考问题，同时会提高团队合作的能力。

五、营造培养高校学生健康人格的良好氛围

（一）优化教育资源

第一，紧随社会发展，完善教学内容。高校要继续以时代特征为主题，坚持发挥德育的主渠道作用，坚持以人为本，及时优化更新高校人才培养方案中的德育部分，使其既能体现社会现实情况，也同样符合学生的思想发展现状。教学方案的制订还要同时考虑到学生学习生活中面临的一些具体问题和困难，以发现问题、分析问题、解决问题为契机，积极更新教学内容，达到与时俱进。在教育体制中，课堂教学活动的位置不可被替代，有必要增设有利于培养高校学生健康人格的课堂教学活动，使课堂教学与学生管理相结合；应树立科学的教学理念，积极优化教学体制；应重视对教育者的理想信念教育和责任意识教育。

第二，完善教学实践，实现方法创新。在整个教学体制中，教学实践环节

直接影响到学生的听讲效果与听讲状态，所以对教学实践的完善和方法的创新显得更加重要。卢梭（J.J Rousseau）作为伟大的启蒙思想家、教育家，一贯主张教育应陪伴个人一生的成长过程，认为"教育即生长"。教师应在高等教育的教学实践中，掌握良好的教学方法，并灵活巧妙地运用，这对高校学生能力的培养和潜力的释放具有关键作用。教育的内容和形式两者都是达到良好教育效果的关键因素，理应均衡发展。同时更应该把课堂教学、日常管理与社会实践结合起来，达到全方位地培养人才、塑造学生健康人格的目的。在新的社会历史时期，学生不断增强的自主学习意识和日益扩大的信息来源渠道，致使单纯灌输式的课堂教学方法不能满足其需求，非但不能收到良好的课堂教学效果，反而经常引起学生的逆反心理，这种逆反心理又反作用于知识的传授者，更加削弱了课堂教学的效果。教师如果提高对教学实践的重视程度，正确理解和灵活运用各种教学方法，把科学的讲授和灵活的互动结合起来，把单向灌输转变为互动交流，那么就可以使学生在与教师的课堂教学交流中提升接受教育的积极性、自主性和主观能动性，做到主动应对新的教学方式，更好地接受应该掌握的教学内容，从而大大提高教育教学的时效性。

第三，建立民主、平等、和谐的师生关系。良好的师生关系是达成教育目标的必要条件。我国古代传统的师生关系有明显的优缺点，所以我们要取其精华、去其糟粕，努力建立新型的师生关系。首先，在学习和生活中，要遵循民主原则，以学生为中心，在民主的氛围下，提升学生的积极性和主动性，使其能得到全面发展，获得成就感。在积极实践人际关系的过程中，逐步塑造健康人格。其次，要实现师生人格上的平等。只有这样，才会使学生有安全感，师生才能相互理解、相互信任，同学之间才能相互关爱、相互尊重，才能对学生人格健康发展起到积极的作用。

（二）建设良好的校园文化

校园文化，特指全校师生共同营造和享受的校内各种文化形式的集合，是一种区域性、群体性的社会亚文化，是一所学校文明程度的体现，同时影响着一所学校未来的发展。校园文化包括物化形态和精神环境两个部分，其中，物化形态是指校园的硬件条件，比如校园设施、教学建筑、生活环境，甚至一草一木都是一所学校物质文化的代号。精神环境是指学校的管理文化、制度文化及学术文化等软件环境，当然也包括学生的生活环境及其他学风、校风、教风等精神风貌。校园文化建设是高校建设的重要环节，美观的建筑、齐全的设施、良好的风气、先进的管理制度在无形之中对人们的思想、心理、行动等各个方面都起到激励作用。这两种因素相互影响、相互作用，并最终渐渐沉淀、凝结、升华，从量变到质变，凝聚成一所学校独特的价值观，形成一种完整的价值体系。校园文化和高校学生的日常生活、学习息息相关，对他们的人格培养也能起到重大作用。所以，高校应大力开展积极向上的各种校园文化活动，增加师生间的良性互动，引导同学间的正常交往，培养他们积极乐观、敢于参与的心态，从而促进高校学生健康人格的形成。

校园文化建设应注重如下几个方面。

首先，积极开展高校学生文体活动，为培养健康人格打下坚实基础。当代高校学生积极活跃，热衷参加各项文体活动，应积极发挥高校团组织、青年志愿者协会、学生会、社团等组织的引导作用，广泛开展各种有意义的文体活动，力争在活动中陶冶学生的艺术情操，增强集体凝聚力，磨炼团队素质，体验公平竞争。此外，有关数据显示，高校学生们的身体素质正在逐年下降，所以需要通过体育活动来提高高校学生的身体素质。

其次，积极倡导宿舍文化建设，提倡健康生活方式。在学校，宿舍就是学生的家，宿舍文化建设对提高学生人际交往能力和个人良好生活习惯的养成起到了重要的作用。在当代高校学生家庭环境和基础教育中，关于人际交往及生活习惯等方面教育培养的不足，导致了许多学生与人交往时紧张、自理能力很差。所以要以宿舍文化建设为抓手，提倡温馨寝室、文明宿舍建设，进而提高学生集体荣誉感、促进学生良好生活习惯的养成。

最后，加强学生社会科研活动，以专业为基础，积极开展社会调研和科研活动，例如通过高校学生创业大赛、"挑战杯"科技大赛等活动，引导学生积极参加社会活动和提高专业科研能力。

总之，当代高校学生健康人格的塑造离不开良好的校园文化，而良好的校园文化的建设同样需要健康的文化活动来推动。所以，高校各级主管部门要培养各级党团组织的引导作用，把握活动方向，科学利用各级学生会和社团，提升有效管理，健全各项制度。同时要注意活动的内容和性质，提高思想觉悟，坚决抵制打着校园文化的旗帜，鼓吹、推行反动、低俗的活动，应当让校园文化活动的开展始终处于文明、健康的环境之中，以保证高校学生人格的健康发展。

（三）加强校园网络建设和管理

对于当代高校学生人格教育来说，网络既带来了新的发展机遇，也对教育提出了新的挑战，所以校园网络的建设与管理便成为当下重中之重的任务。

加强校园网络建设与管理应做到以下三点。

首先，完善校园网络监管。积极配合上级机关要求，建立健全适用于校园网络的安全管理制度，做到有制可依、违制必究。这些制度包括网上不良信息筛选制度、校园网络安全检查制度、安全岗位责任制度、专人维护更新制度和定期汇报制度等。

其次，在进行规范管理和制度建设的同时，还应积极利用网络开展教育活动。教师也可以利用互联网与学生进行交流，开展网络教育。利用这种学生们乐于接受的沟通方式，对学生进行引导式教育。还有许多专业上的教学和实践也可以通过网络来完成，例如进行教学信息共享，引导学生正确地使用网络等。

最后，要利用网络对高校学生进行法治宣传教育，使其树立健康的网络观念；鼓励高校学生自律管理；培养高校学生健康的网络心理，防止他们进行网络犯罪。

第六章　高校学生的学习心理

第一节　高校学生学习的特点
与心理基础

"学习"的说法最早见于我国古代儒家名著《论语》。《论语·学而》说："学而时习之，不亦乐乎？"但在古代，"学"与"习"两字是分开使用和理解的。一般来说，所谓"学"，主要是指获取知识和技能，有时指接受各种感性知识和有关六经之类的书本知识，它与"思"相对，有时又兼有"思"的含义。所谓"习"，主要是指巩固知识和技能，它一般有三种含义：温习、练习、实习。总之，"学习"包括学、思、习、行，而学、思、习、行的过程，就是学习的全过程。

从广义上讲，学习是人和动物在生活过程中通过实践训练而获得的由经验引起的相对持久的适应性的心理变化，即有机体以经验方式引起的对环境相对持久的适应性的心理变化。这个定义体现了四个论点：一是学习是动物和人共有的心理现象，虽然人的学习是相当复杂的，与动物的学习有着本质的区别，但不能否认动物也是有学习的；二是学习不是本能活动，而是后天习得的；三是任何水平的学习都将引起适应性的行为变化，不仅是外显行为的变化，也有内隐行为或内部过程的变化，即个体内部经验的改组和重建，这种变化不是短暂的而是长久的；四是不能把个体的一切变化都归为学习，只有通过学习活动产生的变化才是学习（如由疲劳、生长、机体损伤以及其他生理变化所引起的变化都不是学习）。

一、高校学生学习的特点

学习是高校学生的主要任务。高校学生正处于智力发展的高峰期，其记忆力、观察力、思考力、逻辑思维能力等都有很大的发展。高校学生的学习既不同于儿童的学习，也不同于成人的学习。其特点主要表现在以下几个方面。

（一）学习主体的变化

中小学阶段的学习以教师为主，以教师组织教学为主。高校学生学习是以教师为引导、学生为主体进行的，这就决定了高校学生的学习带有一定的创新性，即学生不仅要能举一反三，还要能提出自己独到的见解，活化所学知识。

（二）学习的自主性

大学阶段，无论是学习内容、学习时间还是学习方式，都更加强调个体在学习活动中承担的角色，强调高校学生学习的自觉性与能动性。高校学生学习的能动性主要表现在以下方面。

第一，高校学生对学习内容具有较大的选择性，特别是随着高等教育改革的深化，大学的课程安排更加科学合理，既有公共必修课、专业基础课，也有辅修课程及大量选修课，学生可以根据自己的专长、爱好、兴趣自由选择。高校学生选择课程学习内容时主要考虑学习内容与职业的契合性、学习内容的实用性、自己的兴趣及其对自身素质的拓展等。

第二，高校学生可以控制自己的学习时间、学习方法与学习内容，自学能力已经成为衡量高校学生学业拓展能力的重要指标。

第三，更加重视学习知识活化能力，即知识应用能力，课程设计、学年论文、毕业设计与毕业论文等都体现着知识的运用能力，也充分体现了学生的主观能动性。

（三）学习的专业性

高校学生的学习是在确定了基本的专业方向后进行的，因此其学习的职业定向性较为明确，即为将来走上工作岗位、适应社会需要而学习。专业与学科群的划分也使高校学生的学习与其未来的职业生涯紧密地联系在一起，而专业性学习要求高校学生既要了解本专业的前沿知识与经典理论，又要掌握与专业相关的基础知识和专业能力。

（四）学习的探索性与创新性

高校学生学习已具有一定的探索性，即对书本之外的新观点、新理论进行深入的钻研与探索。大学学习不仅仅在于掌握知识，更在于探究知识的形成过程与科学的研究方法，了解学科发展的前沿动态、存在的问题及解决的思路。目前，高等学校普遍加强高校学生创新能力的培养，在课程设置、课程安排、课程衔接上突出学生的主体地位，体现创新性，重视实践环节等，而这些都有助于提高高校学生的创新能力。

（五）学习方式的多样化

在信息时代，教师不再是知识的中心，获取知识途径的多元化带动了学习方式的变迁。除课堂教学外，课外实习、课程设计、科研训练计划、学年论文、专家讲授、学术报告及社会实践等都为高校学生学习提供了丰富的途径。

（六）知识的学习与能力、素质的培养并重

无知必然无能。目前正在进行的高等教育改革一再强调知识、技能的学习与实践能力的培养、素质的全面提升同样重要，高校学生既要重视书本知识的

学习，又要兼顾创新能力和综合素质的提高。

二、高校学生学习的心理基础

学习心理是指人们在学习过程中的心理反应、心理特点及其活动规律。学习心理研究的主要内容是：在调动人的学习积极性及掌握知识、形成技能、发展思维能力等方面的心理学问题。

人类的任何一种智慧活动，包括学习在内，都有多种心理因素参与。这些心理因素一般分为两个系统：一是认知性心理机能系统，即人们常说的智力因素；二是非认知性心理机能系统，即人们常说的非智力因素。

认知性心理机能系统即智力因素，在智慧活动中具有直接参与对客观事物的认识和处理各种内外信息等具体操作的机能。非认知性心理机能系统，即非智力因素，对智慧活动起着调控、维持、强化、导向等作用。智力因素和非智力因素在学习中的作用和影响还需要具体进行分析和研究。

（一）智力因素：学习的必要条件

"智力"这个词，人们并不陌生。若要给"智力"下一个科学的定义，并不容易。归结起来，大致有以下几种观点："智力是抽象思维的能力""智力是学习的潜能""智力是适应环境的能力""智力是分析问题和解决问题的能力""智力是创造新事物的能力""智力是偏于认识方面的个性特点"等。不管哪种观点，都不否认智力是一种以人脑的神经活动为基础的偏重认识方面的潜在能力。

我们抛开智力的定义，从操作的角度讲，智力包括注意力、观察力、记忆力、想象力、思维力，其中，思维力是核心。有人形象地把它们之间的关系比喻为：注意力和观察力是智力的窗户，外界的一切信息只有通过注意和观察才能源源不断地进入大脑；想象力是智力的翅膀，在想象力的推动下，智力才能像矫健的雄鹰一样翱翔万里；记忆力是智力的仓库，只有这个仓库中储存的信息丰富充足，智力这座工厂才能很好地进行加工；思维力是智力的核心，其他因素为它提供加工的信息原料和活动的动力资源，如果没有思维力，人脑这一加工机器将无法运转，信息原料和动力资源都将是一堆废物，也就是说必须有思维力的参加，智力才能发挥其应有的作用。

智力因素中的基本因素，在创新活动中承担信息的接收、加工、处理等任务，它们是创新活动的执行者和操作者，是创新活动的操作系统。

学习是指个体通过智力活动感知客观世界，积累经验，掌握科学知识，解决各种各样的问题，从而认识客观事物的本质及其变化规律。学习本身是一种智力活动，所以智力因素与学习有着十分密切的直接联系。一般来说，智力水平的高低直接影响学习的效率和质量。

人的智力是在遗传物质的基础上，在环境的影响和教育的主导作用下，通过人积极主动的实践活动而形成和发展的。所以智力水平的高低既受先天的遗传因素的影响，也受后天环境因素的影响。先天的因素决定一个人的智力潜能有多大，而后天的因素决定一个人开发自己智力潜能的程度。

研究表明，人的智力发展水平不是呈直线递增的。一般来说，智力是随年龄的增长而增长的；但到一定年龄时，智力便趋于停滞，并保持较长时期的稳定状态；而后又随年龄的增长而下降。人类从出生到 5 岁这一阶段的智力发展最快；5～10 岁这一阶段的智力发展速度虽不如 5 岁以前，但仍较快；10～15 岁这一阶段的智力发展速度减慢；16 岁以后智力发展成熟。在对成人的测试中发现，20～34 岁为智力发展的高峰期，以后智力缓慢下降，60 岁以后智力迅速下降。高校学生正处于智力发展的黄金期，所以要利用学校良好的学习条件，充分发展自己的智力。发展智力，也就是发展高度集中的注意力、敏锐的观察力、良好的记忆力、丰富的想象力、敏捷而有创新性的思维力。上述智力因素如果能够得到很好的发展，个体的学习效率和质量就会得到很大的提高。

（二）非智力因素：学习的充分条件

在西方心理学界，对于学习心理中非智力因素的科学认识，是从其对智力测验成绩的影响开始的；而在我国，非智力因素的提出是在教育实践中，在单纯"开发智力"遇到困难的背景下提出来的。在此基础上有人开始专门研究非智力因素与成才、非智力因素与学业成绩的关系。

非智力因素的确切含义是什么呢？目前学术界对非智力因素还没有一个统一的定义。一般而言，对非智力因素可以从广义和狭义两个方面来理解。广义的非智力因素包括智力以外的心理因素、环境因素和生理因素。狭义的非智力因素是指那些不直接参与认识过程，但对认识过程起直接制约作用的心理因素，主要包括动机、兴趣、情感、意志、个性（气质、性格）等，其中个性是核心。心理学研究中所讲的非智力因素，多指狭义的非智力因素。

非智力因素不直接参与认识过程，也就是说在认识过程中，它不直接承担对机体内外信息的接收、加工、处理等任务。非智力因素对认识过程的直接制约作用，表现在它对认识过程的动力作用和调节作用上。有人认为学习仅仅是一种智力行为，学习成绩的好坏只与智力水平相关，实际上这种看法是不正确的。在包括学习在内的创新活动中，除智力因素以外，非智力因素起着动力、导向、调控的作用，是创新活动的推动者和调控者。在创新活动中，智力因素决定一个人能干不能干；非智力因素决定一个人肯干不肯干；至于干得好不好则由智力与非智力因素共同决定，对于一般人来讲，主要由非智力因素决定。

大量研究表明，智力因素和非智力因素都影响学习效果。在智力水平相当的学生中，非智力因素优秀的学生，其学业成绩都高于非智力因素不良的学生；智力水平中等、非智力因素优秀的学生的学习成绩会超过智力水平较高、非智力因素不良的学生。有的研究还表明，在学习成绩较好的学生中，学习成绩的差异与其智力因素的关系较大，而与非智力因素几乎没有直接关系，因为学习成绩较好的学生，他们的非智力水平一般都比较高。在学习成绩较差的学生中，学习成绩的差异与其非智力因素有显著关系，而与智力因素关系较小。也就是说，导致这部分学生学习差的原因，主要不是智力因素，而是非智力因素，即缺乏学习动力、学习热情和学习毅力等。这些都说明非智力因素对学习起着非常重要的作用。

非智力因素不仅在学习中起着重要的作用，而且它与创新能力有着密切的关系。日本心理学家曾对日本 1 000 名有突出成就的科学家进行调查，结果发现，这些人都具有与众不同的心理特征。他们具有恒心、韧劲，甚至在看来希望渺茫的情况下，仍然能坚持到底。他们从童年时代起就具有强烈的求知欲，高度的独立性，凡事有主见，雄心勃勃，肯努力，不甘虚度一生。他们精力充沛，干劲十足。显然这些非智力因素在其创新发明活动中起了特别重要的作用。爱因斯坦幼年时的智商并不出众，他的成功离不开他所具有的良好的非智力因素。这些充分证明了成才过程是一个智力因素与非智力因素相互影响，又以非智力因素起决定作用的过程。

非智力因素与智力因素不同，在创新活动中，非智力因素的诸多基本因素各自发挥其作用，某一基本因素水平的高低不一定影响其他基本因素的水平。而且在非智力因素中，只要其中某一种或几种基本因素有突出发展，这个人就可能在创新活动中取得非凡的成就。此外，智力因素在很大程度上由遗传决定，而非智力因素则主要是靠后天的培养。高校学生要想使自己成为具有创新精神的优秀人才，就要努力培养良好的非智力因素。

第二节 高校学生学习能力的培养

一、树立现代学习观念

什么是现代学习观念？联合国教科文组织国际教育发展委员会在 1972 年发表的重要文件《学会生存——教育世界的今天和明天》指出：人是未完成的动物，生下来就带着潜能来到世界，这些潜能可能发展起来，也可能半途荒废，个体必须不断学习才能实现自身的潜能，才能掌握本能没有赋予的生存和发展的能力，从而不断完善自己。人的生存和发展就是一个无止境的学习过程。该文件还指出，新的教育精神是自学，使每个人成为他自己学习和进步的主人。教育不再限于学校，不再是从外部强加在学习者身上的东西，教育的本质是自我学习、终身学习。

现代学习观念要求在校大学生必须学会学习，这是每个在校大学生必须掌握的基本能力。作为一种新的学习理念，它对当代大学生提出了更高的要求。

（一）养成正确的学习态度

学习态度是指学习者对待学习比较稳定的、具有选择性的反应倾向，是在学习活动中习得的一种内部状态。正确的学习态度，对于大学生成才十分关键。目前，有不少大学生对学习缺乏热情，他们有的视学习为苦差事，以致厌倦、应付学习；有的不去积极克服学习中的各种困难，不能做到持之以恒，以致在中途放弃学习。这些不端正的学习态度，从个人的角度来看，会毁掉个人的前途，对社会而言则意味着高等教育的失败。学习是一项艰苦的劳动，它既是对前人和他人已有知识的吸收和消化，又是对未知领域的探索和研究。当代大学生要想在学业上取得成就，并能在未来的社会竞争中立于不败之地，就必须养成孜孜以求、勤奋刻苦、锲而不舍、坚忍不拔、积极认真的学习态度。

（二）运用多样的学习方式

在传统教学中，学生学习的主要方式是听取教师的讲解和围绕课本自学，学习内容主要源于课本。而随着科学技术的不断发展、信息高速公路的开通，越来越多的高校学生可以通过网络进行全方位的、互动式的、更加自主的学习。这意味着高校学生有了更多的学习机会，也有了高质量的学习机会，他们甚至可以通过网络向世界上高水平的教授请教并听取这些教授的课程。计算机网络资源的开发和使用，为当代高校学生提供了丰富的学习资源，使他们能够快捷、准确地捕捉到自己需要的信息。

（三）掌握科学的学习方法

西方有句名言，即"最有价值的知识是关于方法的知识"。如果说学生在学校里学到的知识是"黄金"，那么掌握了科学的学习方法也就等于拥有了"点金术"。对于高校学生而言，由于学习目标的层次丰富，需要了解的专业和非专业知识日趋广博，因而选择科学的学习方法进行学习就显得尤为重要。现在，有不少高校学生对专业课的学习流于形式、停留在表面上：上课时记笔记，下课后抄笔记，考试前背笔记，考试后扔笔记。这样的学习方法自然无法取得良好的效果。目前，国内学者提出的"三五"进取型学习方法，被认为是较为理想的科学的学习策略，其基本要素是五要、五先、五会。五要：要围绕教师讲述展开思维联想；要理清教材文字叙述思路；要听出教师讲述的重点和难点；要跨越听课学习的障碍，不受干扰；要在理解的基础上做笔记。五先：先预习后听课，先尝试回忆后看书，先看书后做作业，先理解后记忆，先整理知识后入眠。五会：会制订学习计划，会利用时间充分学习，会进行学习总结，会提出问题并进行讨论，会阅读参考资料扩展学习。

二、找到学习动力

（一）立下坚定的学习志向

学习者想要成就一番事业，首先要立下坚定的学习志向。孔子说："三军可夺帅也，匹夫不可夺志也。"荀子有"无冥冥之志者，无昭昭之明"之说。但坚定学习志向并非一朝一夕的事，需靠学生不断地努力。用孔子的比喻，就好比用土堆山，有了堆山的明确目标，还要有持之以恒的一筐筐担土的劳动，否则就不会实现目标。若学习者有崇高的志向，有"人一能之，己百之，人十能之，己千之"的学习精神，则"虽愚必明，虽柔必强"，这样更有助于其取得丰硕的学习成果。正如韩愈所说："业精于勤，荒于嬉；行成于思，毁于随。"

随着社会的发展、经济全球化的到来，整个社会系统对人才的要求也千差万别、丰富多样，这就要求当代大学生从进入大学校园的第一天起，就应树立明确的学习目标，有意识地培养自身素质，如社会责任感、事业心等，以便在大学毕业后能很快地投入工作，早日实现自己的目标。目前，各种考证行为在大学校园里悄然盛行，这是高校学生明确学习目标的一种表现，也是他们在日益加剧的就业压力下为提高自己在未来就业市场上的竞争力而迈出的坚实步伐。

（二）点燃读书学习的欲望

诺贝尔化学奖获得者奥斯特瓦尔德（F. W. Ostwald）读小学三年级时，在一次偶然的机会中看到了一本制作焰火的书。书中不仅列出了制作焰火的物质学名和习惯用名，而且写着各种物质的化学分子式。这是他头一次接触化学语言，虽然他没有弄明白那些神秘的符号，但他的脑海里已深深印上了"化学"这个充满奥秘的字眼，他要按照书上的方法自己制作焰火。奥斯特瓦尔德看不懂那些"稀奇古怪"的化学分子式和方程式，甚至连字还认不全，就按照书上所画的图进行试验，终于在一个无雨的夜晚，制成了焰火。当时，他的心情激动不已，这美丽的焰火点燃了他对化学的追求欲望，照亮了他通向未来的路。后来，他在催化理论、电化学和化学反应动力学等方面，取得了令世人瞩目的成就。

（三）培养浓厚的学习兴趣

学习兴趣是一个人力求探究事物并带有强烈情绪色彩的认知倾向。它是推动学习者学习的一种最实际、最活跃的内部动力。大学生如果缺乏这种源自内心的原动力，就很难在学习上取得成功和突破。大学生有了浓厚持久的学习兴趣，可以调动学习的积极性，提高学习的自觉性，增强在困难面前的毅力和信心，使学习不再是一种沉重的负担，从而能以轻松愉快的心情去面对学习。

兴趣的产生是十分微妙的，通常的解释多是受环境的影响、家庭的熏陶，但更多人的兴趣似乎是自发的。由同一父母养育的几个子女，所处的环境和所受的家庭教育相同，但爱好却大不一样，这种例子在生活中比比皆是。更值得注意的是，有的人在客观上缺乏成才的良好环境，但凭着毅力和兴趣竟然成为享有盛名的人。如2岁丧母、9岁丧父的托尔斯泰；7岁母亲去世，被父亲送到牧师家寄养的司汤达；自幼以棺材当床，生活艰难的安徒生；童年时父母相继亡故的但丁等，他们都是在残酷的环境下，靠着惊人的毅力和兴趣去努力进取，最终获得成功的。

兴趣的力量是巨大的。兴趣，可以使人废寝忘食地工作、钻研；可以使人付出毕生的精力、时间和金钱。兴趣，可以使舍勒（C.W. Scheele）冒着危险去尝氢氰酸；可以使罗蒙诺索夫（M.V. Lomonosov）以40天做苦工的代价换一本算术书；可以使列文虎克（A.V. Leeuwenhoek）为发明显微镜而从早到晚磨玻璃片，足足磨了10年……20世纪最伟大的物理学家爱因斯坦曾说："对一切来说，只有'热爱'才是最好的教师，它远远超过责任感。"我国古代学者认为"痴迷而成才""好之不如痴之，不痴不成才"，"痴"的前提必然是"兴趣"。

三、开发学习潜能

（一）科学使用和合理开发大脑

脑是一切智慧活动的发源地，大脑是人类思维的场所，信息需要人的大脑去整理，知识需要人的大脑去创新，智慧也需要人的大脑去开启。大脑的功能非常复杂、微妙，大脑几乎无所不能。就实用目的而言，脑的创新力几乎是无限的。日本学者春山茂雄在其名著《脑内革命》（1996）一书中提出"潜能革命要从脑内革命开始"，潜能的开发首先是大脑潜在资源的科学开发与利用，所以必须认识到保护和优化大脑功能的重要性。

信息是大脑的精神营养，对大脑最佳的信息刺激，就是勤学习、多学习。越来越多的科学家认为，人只发挥了其脑力的 10%，甚至更少。那 90% 的脑力，就像未被开垦的荒地一般，需要我们投入火一般的热情去积极地挖掘。若想让自己的潜能更多地被开发出来，要记住两点：一是不断接受新鲜事物的刺激，即不断汲取新知识；二是一定要使自己反复接受同一新鲜事物多角度、全方位的刺激，以加深体验，达到由量变到质变的最佳学习境界。

在学习活动中要讲究科学规律：要做到张弛有度，合理休息，要保证充足的睡眠和适度的休闲；要防止过度疲劳，禁止对大脑功能的"违章开采"，单位时间内的作业量和活动量要适度；要防止大脑受到创伤或者功能遭到损坏；在平时还要注意脑的营养供给，养成良好的学习习惯，多运动、多养护，达到强身健脑的目的。开发大脑潜能还必须注意经常排除心理障碍，健康的心理状态有利于健脑、护脑并增强脑的功能。

（二）坚信自我，勇于挖掘自我潜力

开发潜能的第一步就是要正确地认识自我、坚信自我，要意识到自己有巨大的潜能可待开发。

　　首先，要进行深刻的自我考察与分析，改变自我意象。自我意象指的是一个人设想自己是怎样一种人的自我观念，它建立在对自己的认知和评价的基础之上。高校学生如果能改变负面的自我意象，就能获得一个崭新的自我意象并能感受到健康生活的乐趣，而深刻的自我考察和分析就是改变自我意象的关键。

　　其次，要打破僵化的思维模式，超越思维的局限性。对于很多高校学生来说，他们的思维往往是单向的、习惯性的，然而潜能开发的活动中必须有灵活的头脑和创新的思维，所以挖掘自我潜力，必须彻底打破长久以来形成的思维惯性。可以通过进行不同类型的思维训练来激发思维的灵活性，比如以积极思维代替消极思维，以多极、多向思维代替单向、线性思维等。这种思维训练能有效地转换高校学生的思维方式，拓展他们的思维空间，让他们更深刻地看待事物并获得创新的活力。

　　最后，积极体验自我，提高自我效能感。自我效能是美国心理学家班杜拉（A. Bandura）提出的，指的是人对自己是否能够成功地进行某一成就行为的主观判断。较高的自我效能感有助于学生端正学习态度，增强学习成功的信心，提高学习效率。班都拉认为，个人自身行为的成败经验是影响其自我效能感的最重要因素。一般来说，成功经验会增强自我效能感，反复失败会降低自我效能感。研究表明，自我效能感较高的个体会认为可以通过努力改变或控制自己，而自我效能感低的个体则认为行为结果完全是由环境控制的，自己无能为力。学校和教师应注重多引导学生积极地体验自我，通过组织学生开展勇敢、理智地应对困境和挫折的诸多训练，以此促进他们心理的健康发展。

（三）善用音、美活动激发创新欲求，开发创新潜能

　　现代心理学的有关研究表明，音乐特有的旋律与节奏，能透过其物理作用，直接对人体内的器官产生共振效果，能引导出以放松和沉思为特征的 α 脑电波，可以增强人的主动性和积极性，提升创新和思考能力，使右脑以至全脑更

加灵活。声音是一种振动，而人体本身也是由许多振动系统构成的，如心脏的跳动、胃肠的蠕动、脑波的波动等。当音乐与人体内的器官产生共振时，人体会分泌一种生理活性物质，该物质可调节血液流动和神经活性，让人富有活力、充满朝气。音乐特有的节奏与旋律，能够使人们日常生活中较常用的主管语言、分析、推理的左脑得到休息，从而能使人感受到内心的宁静；与此同时，它对掌管情绪、主管创新力与想象力的右脑则有刺激作用，对创新、重组与建构等潜在素养的培育有着很强的提升效果。

虽然不同的研究者所使用的音乐不同，但这些音乐都有一个共同的特点，即音乐节拍都约等于人类心跳的速率。节奏太快或太慢的音乐都不适于引发个体创意、唤醒个体潜能，因为节奏太快的音乐会让人紧张，节奏太慢的音乐会令人昏昏欲睡。因此，高校学生应选择听一些高雅、优美和令人舒适的音乐。

此外，各种工艺美术活动也能有效地激发高校学生的创新欲求，开发其创新潜能，培育其创新品格，促进其心理健康成长。

（四）惯用积极暗示，增强潜能意识，推动潜能开发

潜能往往存在于潜意识中，要开发潜意识中存在的能量，首要的条件是与潜意识进行沟通，通过沟通使许多尚处于初始、萌芽和潜伏状态的能量得到唤醒、培育和开发。

心理学家们通过研究发现，沟通的方法有很多，暗示法就是一种很重要的方法。暗示的方式多种多样，有语言暗示、表情暗示、手势暗示、情境暗示，等等，但就其性质而言只有两类：一类是积极的暗示，一类是消极的暗示。潜能开发只提倡积极的暗示，并毫不含糊地杜绝一切可能的消极暗示。积极的暗示能够给个体潜意识愉快、积极的信息，这种积极信息出现次数多了，潜意识就会接受，并产生积极的效应。

因此，学校和教师都应注重使用各种有效的积极暗示，如表扬、肯定、信任等方式，对高校学生多做激励性评价，使其感受到鼓舞和鞭策，并力求消除

各种消极暗示,以此塑造高校学生的积极心态,从而增强其潜能意识,推动其潜能的开发。

(五)注重自励、反思,不断促进自我实现与自我超越

自励和反思有时也具有唤醒个体心灵底层潜在能量的巨大作用,不仅能使人感受到自身的价值和优势,还能使人迅速消除心理的压力和现实的烦恼,使人迅速调整到自信、开拓、奋飞和进取的心理状态。

古往今来,人们在现实生活中,积累了许多确有实效的自励、反思方式,如运用格言、警句、座右铭等进行自我欣赏、自我激励、自我唤醒;经常将自我现状与伟人、名人及卓越成就者曾有的困难遭遇相比较,从中获得鞭策与激励;采用写日记、周记等方式自我剖析优势与弱点,树立奋斗目标,提出自我攻克、自我发展、自我完善的方略和措施等。高校学生若能经常切实有效地开展自励、反思活动,则不仅有助于逐步养成敢于拼搏、自强不息、百折不挠等心理品质,改变自身可能存在的自卑自贱、甘居下游、萎靡不振等影响潜能开发的消极心理因素,而且能促进潜能的开发,有助于加快调动他们尚处于萌芽状态的各种潜在的上进需求,使之活跃起来,推动其身心素质及各种可能的发展潜质得到更全面的提升。

总之,潜能是人类切实存在的、亟待开发的内部能量与资源,潜能开发是一个人取得辉煌成绩的有效手段,是促进人的全面发展的必由之路。高校学生是我国社会主义事业的接班人,是未来科技发展和社会进步的主力军,所以,高校尤其要重视对学生潜能的开发。

四、培养创新思维能力

（一）智力与创新力

智力主要由观察力、记忆力、思维力、想象力等基本能力构成。它的主要作用是把个体的感性认识上升到理性认识，使个体的认识从事物的表象深入到事物的本质。

创新力是人们使事物朝着有益于人类进步的方向产生新质变，从而创新未来客体的能力，是使创新性思维物化的能力。主要包括自我教育能力、控制能力、沟通交流能力、辩证思维能力、想象能力、灵感思维能力和创新性实践能力等。这些能力共同构成具有创新功能的创新力结构系统。它的主要作用是按照新设想，创造发明新东西，因此创新力偏重创新发明方面。创新力离不开智力，智力是创新力的基础。

创新发明离不开正确的认识，但只有正确的认识是不足以创新发明出新东西的。个体要想在创新发明实践中使自己的创造力转化为现实的创新性成果，成为真正有作为的创新型人才，就必须具备正确的世界观，具有坚强的意志和对事业的满腔热情等。否则，个体的创新性思维就会因为缺乏物化的中介和动力而不能帮助个体获得现实的创新性成果。

明确了创新力与智力的相互关系，懂得了智力和创新力是两种不同的能力，广大高校学生就有了更高的目标，就不会用智力的培养去代替创新力的培养，也不会在加强创新力培养的时候丢掉智力的培养，而这对高校学生成才十分重要。

（二）创新力与非智力因素

人们要获得创新性成果，不仅需要创新性的智力因素，也需要创新性的非智力因素，如创新性的兴趣、情绪、理想、意志与性格等。非智力因素在创新发明中起着重要的作用。把良好的非智力因素和智力因素结合起来，就能产生创新的综合效应，不良的非智力因素则影响创新活动的开展。美国心理学家推孟（L. M. Terman）曾对 1 528 名高智力学生进行追踪研究，结果发现，这些智力超常的学生大多是有成就的，但也有 20％的人没有超出一般人的成就。在对这些学生的追踪研究中，他还发现，日后成就最大的人和成就最小的人的最显著的差别，是他们的非智力因素不同。值得注意的是，非智力因素有积极与消极之分。积极的非智力因素，可以调动人的积极性和创新性，推动人们从事发明创造活动。如果一个高校学生早期对科学感兴趣，那么这种兴趣对他现在的学习和将来从事科学发明创造活动与成才都起着积极的作用。据研究表明，如果一个人对工作有兴趣，工作积极性就高，在工作中可以发挥他全部才能的80％～90％；如果一个人对工作没有兴趣，工作积极性就低，在工作中只能发挥他全部才能的 20％～30％。

爱因斯坦说："卓越人物的道德品质，对于青年一代和历史的整个进程来说，可能比单纯智力上的成就具有更大的意义。智力上的成就，在很大程度上依赖于性格的伟大，这一点往往超出人们通常的认识。"这些话告诉我们一个道理：我们不但要学习卓越人物的智力成就，而且要学习他们热爱真理、追求真理的崇高道德，学习他们良好的创新性心理品质，不断丰富积极的非智力因素，使之与智力因素有机地结合起来，并在学习实践中相互促进，充分发挥这种结合的效能。这样我们就能为自己装上一部良好的发动机，获得源源不断的动力，推动我们去获得成功。

第三节　高校学生学习问题的
自我调适

美国心理学家杰乔（H. Geijo）指出："未来的文盲将不是那些不会阅读的人，而是没有学会怎样学习的人。"而学习的实质就是要形成良好的学习心理。一些高校学生受到来自社会、家庭和自身等方方面面的影响较多，在学习中经常出现这样或那样的心理问题，致使学习质量下降，学习效率降低，学习任务不能圆满完成。因此，心理辅导在高校学生学习方面的作用就显得异常重要。

一、学习动机问题与自我调适

动机是直接推动个体进行活动的动力。学习动机就是激发个体进行学习活动，维持已发生的学习活动，并使其行为朝向一定学习目标进行的一种内在的心理过程或内部心理状态。学习动机在高校学生学习过程中具有重要的作用，它一方面使高校学生进入对学习的准备状态，促进一些非智力因素的形成和提高，间接地促进学习行为的产生；另一方面，学习动机又可以作为一种学习结果，强化学习行为本身，促进"学习—动机—学习"的良性循环。但是，学习动机与学习效果的关系并不成正比，心理学界著名的耶克斯—多得森定律告诉我们：动机强度和学习效果之间的关系可以用一个"倒 U 形"来描述，即中等程度的动机有利于学习效果的提高，而动机过弱或过强都会对学习效果产生不利影响。

（一）学习动机缺乏

1.学习动机缺乏的表现

（1）无明确的学习目标

这类学生在学习上既无长期目标，也无近期目标，没有前进的动力，认为在大学里只要每门功课能考到 60 分，最后能拿到文凭就行了。在某项调查中，当被问及"你读书的动力是什么"时，有超过 50% 的学生选择了"没想过，也没有任何理由，只是看大家都这样，所以也跟着学""迫于文凭的压力、父母的期望"等。

（2）无成就感

这类学生在学习上缺乏自尊心、自信心，没有求知的需要和激情，总认为自己就是学不好，自己天生就不行，对学习提不起兴趣，因而学习成绩搞不好也不觉得丢面子，成绩不及格也不在乎，在学习上不求进取，从不与别人比学习，也不羡慕学习好的同学，没有远大抱负和期望。

（3）学习上注意力分散

这类学生注意力差，表现在平时是不能专心看书，不能集中精力思考，兴趣容易转移；上课时不专心，思路不能跟着教师走，人在课堂心在外；常常满足于一知半解；情绪忽高忽低；等等。

（4）缺乏适宜的学习方法

这类学生由于学习方法不当，在学习上一直处于被动、消极的状态。他们常把学习看成是奉命的、被迫的苦差事，不愿积极寻求适合自己的学习方法，只满足于死记硬背，对考试胡乱应付。由于缺乏正确而灵活的学习方法，他们往往不能适应紧张、繁忙的学习活动。

（5）有厌学情绪

这类学生的学习态度不端正，对学习感到无聊，在学习中无精打采，很少能享受到学习成功带来的快乐。表现在平时是不愿意看书，不愿意上课，上课时也提不起精神，不愿意动脑筋，课后不做作业、不复习，对学习敷衍了事。

2.学习动机缺乏的原因

（1）社会原因

社会竞争不断加剧，有些高校学生受社会上不正之风的影响，认为毕业后的出路主要靠"关系"，在学校学习成绩的好坏并不决定毕业后取得成就的大小，因而未把全部精力集中在学习上。

（2）学校原因

学校是育人的场所，与高校学生的学习密切相关。学校的软硬件条件，如校园环境、师资力量、教学设施、学风和校风、校规校纪等，都会影响学生的学习动机。学校的环境不良、设备陈旧等也将通过影响高校学生的情绪而影响其学习动机；学校的校风不良、校纪松弛也容易形成不好的学习氛围而影响高校学生的学习动机；师资水平不高、教学方式陈旧、教学内容落后等也抑制了高校学生的学习兴趣，最终影响他们的学习动机。

（3）家庭原因

家庭环境，如家庭经济条件、父母的文化程度、父母对子女的期望程度及教养方式等对高校学生的学习动机会产生不同程度的影响。

（4）个体原因

学生本人的情绪、意志、态度、兴趣、经历、价值观及健康状态等都会对其学习动机产生影响。思想松懈、不思进取是导致高校学生不愿意、不勤奋学习的主要因素，一个对学习有消极情绪，且学习意志薄弱的高校学生不会有强烈的学习动机。同样，一个对所学专业不感兴趣，持有负面态度的高校学生，也不会有强烈的学习动机。个人在以往的学习经历中如果遭遇到太多次的失败与挫折，学习自信心就会不高，对待学习就会有痛苦和沮丧的情绪，学习动机就会减弱甚至消失。个人的价值观和健康状态等因素对学习动机也有重要的影响，正确的价值观和健康的身心状态会促进高校学生产生较强的学习动机，反之则不利于良好学习动机的形成。

3.学习动机缺乏的调适

学习动机是推动学生进行学习活动的内在力量。学习动机方面出现问题，要根据其原因进行有针对性的调适。为此，可考虑从以下几方面入手。

（1）明确学习的目的和意义，确立合适的学习目标

在很多情况下，一些高校学生缺乏学习的积极性和主动性，是因为他们不知道学什么、为什么学和怎样学，即没有明确的学习目标。有研究表明，一个不知道学习的具体目的和意义的学生，是很难充分发挥学习的积极性和主动性的。而当他明确了学习的具体目的和意义之后，就会产生一种强烈的学习愿望，积极主动地进行学习。没有明确的学习目的和意义、没有学习目标的高校学生，可考虑先确立一个切实可行的近期学习目标，目标不应过高也不宜过低，以经过适当努力即可达到为宜。这样做可以避免学生因达成目标的难度过大而产生挫败情绪，有利于其学习动机的激发。

（2）激发求知欲

孔子早在两千多年前就说过："知之者不如好之者。"如果高校学生喜欢自己的专业，就会产生一种内在的学习驱动力，因此，高校学生培养对自己所学专业的稳定的学习兴趣，对其学习动机的激发十分有利。高校学生可以通过听讲座、看相关专业书籍、参加本专业的讨论等形式，了解所学专业在经济社会发展中的重要作用及其在当今世界的发展水平，了解我国在该专业方面的优势或与世界先进水平的差距等，以培养对本专业的兴趣。另外，高校学生还可以通过参观专业对口的工厂、企业、研究所等方式，真切地体会专业学习的重要性，以产生学习动力，提高学习兴趣。

（3）进行正确归因

归因是对他人或自己的学习结果产生的原因作出解释或推测的过程。有相当一部分高校学生缺乏学习动机的原因是学习上遭遇失败和挫折后，进行了不正确的归因。因此，只有建立一种正确的成败归因模式，才能促进学习成绩的提高。高校学生归因训练模式常采用如下两种方法。

第一，团体发展法。高校学生可以自己组织 3～5 人在一起分析讨论学习成败的原因，每个人填写归因量表，即从一些常见的原因（能力、努力程度、任务难易、同伴帮助等）中选出与自己的学习成绩关系最密切的因素，并且评价这些因素所起的作用，然后相互指出自我评定中存在的归因误差。

第二，观察学习法。教师可适时地组织高校学生观看归因训练的录像，引导他们把成功和失败的原因归于自身努力程度的强弱，使其树立"只有努力才有可能成功，不努力注定要失败"的信念。另外，要避免高校学生产生"成功只取决于努力"这种不现实的认识，引导他们正确评价自身能力，同时又要使其认识到努力对成功的巨大作用。

（4）体验学习的成功感

高校学生在形成学习动机的过程中，对自己的学习能力有信心非常重要。换句话说，体验学习取得的成功感对于学习动机的激发有重要意义。学生可以在学习过程中创设成功的机会，在自身的进步中体验成功的喜悦，并从自身的变化中认识自己的能力。另外，还可以通过观察成功者的行为来激发自己的自信心。

（5）掌握良好的学习方法

学习方法不当会使学习事倍功半，长期学习效果不佳，从而会使学习动机减弱甚至消失。要始终维持良好的学习动机水平，就必须掌握一套良好的、适合自己的学习方法。

（6）积极创设有利于学习的氛围

良好的学习氛围和学习环境是激发学习动机的外部条件，主要包括家庭环境、学校环境和社会环境。一个尊重知识、尊重人才的社会，一个具有良好校风的学校环境，以及一个好学上进、温暖融洽的班集体，都会对发展学生的学习动机起直接或间接的促进作用。

（二）学习动机过强

1.学习动机过强的表现

（1）自我期望值过高

这类学生由于缺乏对自身各方面素质的全面认识和对外界客观条件的正确分析，为自己确立的目标远远超过了自己的实际水平。个体定的目标过高，其成就欲望过于强烈，形成了只能胜利、不能失败的单向定式心理。可是自己的水平和能力又达不到目标的要求，从而导致失败，失败的体验又挫伤了自己的自尊心、自信心，严重的会使人产生自卑、压抑等心理问题，形成恶性循环。

（2）有强烈的争强好胜心理

学习动机过强的学生常把分数和名次放在很重要的位置上，他们争强好胜，在每次考试或竞赛中总想取得第一名，害怕失败。他们很想得到老师、长辈或亲朋好友的肯定与表扬，唯恐失败而被人看不起。看到别人超过自己就不高兴，嫉妒心强。

（3）精神紧张

学生精神紧张易引起其在学习过程中注意力不能集中、记忆力下降、思维迟钝等问题，从而造成学习效率低下，久而久之还容易产生头痛、头昏、耳鸣、心悸、胃肠不好、失眠多梦等许多身心疾病。可见，对于学习动机过强的学生来说，学习是一件苦差事，而不是一种乐趣。

（4）容易自责

学习动机过强的学生追求的是学习上的高目标，对自己的要求是只能成功，不能失败，这样就容易产生挫折感。他们往往容不下自己的失败与挫折，一旦没有达到自己设置的目标，就会责备自己，并给自己施加更大的压力，期望下次获得成功。他们通常不满意自己的现状，总觉得自己应该做得更好，即使取得了成功也不会非常高兴。

2.学习动机过强的原因

（1）学习目标设置过高

学习目标是激发学习动机不可缺少的因素之一。不可否认，一个没有学习目标的学生，很难有高涨的学习热情。然而，如果学生把学习目标定得太高，超越了自身的条件和现实状况，使得目标实现的概率在可能的范围之外，就可能使其学习动机过强，导致对自己过于严格、过于苛刻。

（2）具有不恰当的认知模式

努力学习是取得成功的必要条件之一，这是毋庸置疑的。但是，有的学生把努力学习看成是取得成功的唯一条件，错误地认为"只要我努力，我就能获得成功"。这种认知模式就是学习动机过强的基础，容易使学生在实际学习过程中，不顾自身及现实的客观条件，为了一个不太可能实现的目标盲目努力，却始终体验不到成功的喜悦，对自己的身心造成一定的伤害。任何成功都与自身能力和环境因素有关，努力是成功的必要条件，但不是唯一条件。

（3）他人不恰当的强化

我国的社会文化倾向赞扬那些发奋者，强调苦读终能成大器。大多数人会更支持那些动机过强者，称赞他们学习劲头足、刻苦、有志向，并期望他们做得更好。这样就让学习动机过强的高校学生很容易受到来自家庭、学校、社会超乎寻常的肯定和鼓励，会使高校学生的学习动机得到不适当的强化，使他们看不到动机过强的危害，反而对自己要求得更加严格。

（4）个体原因

学习动机过强还与一些人的性格特征有密切的关系，如具有做事过于认真、追求完美、好强、固执等性格特征的高校学生就容易形成过强的学习动机。个人性格的形成一方面与个体的遗传因素有关，另一方面也与个体的成长经历、成长环境有关。在儿童性格形成的初期，如果家庭教养过于严格，父母对孩子的期望值过高，往往易使子女形成争强好胜的性格特征，导致其日后学习动机过强。

3.学习动机过强的调适

（1）加强自我认识

学习动机过强，往往是由于个体对自己的过高估计及对前景的完美设计，这样会造成在学习行动中苛求自己，从而对自己的身心造成伤害。因此，要解决动机过强的问题，首先要对自己的能力和水平有一个客观的评价，正确地认识自我。确定目标时必须兼顾自己的能力，不要好高骛远、盲目攀比、操之过急。

（2）科学地制定目标

目标的制定要与自己的条件及实际环境结合起来，目标要分阶段、分步骤，循序渐进，不能只有远期的大目标，而没有中近期的阶段目标。做任何事情都应脚踏实地，一步一个脚印，学习也不例外。目标应是经由自己努力能够达到的，要清晰、具体，具有可操作性。切勿把目标定得过高，过于模糊，难以操作。

（3）将关注点聚焦在学习活动本身

学习动机过强的学生往往过分注重长辈、老师及周围的同学对自己的看法，使自己在学习中压力过大，患得患失。要把关注点聚焦在如何学习、学会了多少知识，淡化名利得失，增强抗挫折能力。

（4）营造一个宽松的学习氛围

在学习动机的形成过程中，环境的影响起着很大的作用。因此，教师应尽量为学生营造一个宽松的学习氛围，细心观察学生的言行，充分了解学生的心理，及时依据学生的情况给予正确的引导，让他们以正确的态度对待学习，对待学习评价。

二、注意力障碍与自我调适

注意是人的心理活动对一定对象的指向与集中。它从人的各种感受器官接受的种种信息中选出符合个体当前需要的信息进行加工。它能使信息在意识中进行精加工，能监督和调节个体的行为，使之指向一定的目标，促进目标的达成。可以说，没有注意，人的各种心理活动将很难进行。高校学生的学习活动也离不开注意，注意力差的学生易出现学习效率低下、学习成绩不良等现象。

（一）注意力不集中的表现

1.容易走神
注意力不集中的学生，在学习时常不能有效地控制自己的心理活动，想一些与学习毫无关系的事情，思绪远离当前的学习活动，且不易收回。

2.易受干扰
注意力不集中的学生，在学习时很容易被外界无关刺激所吸引，有时即使是很微弱的刺激也能使他们的注意力分散，偏离当前的学习活动。

3.无关动作增多
注意力不集中的学生，在学习时往往伴随着一些与学习无关的动作，如说话、东张西望、玩弄手指、摆弄笔杆等，始终不能把注意力维持在学习上。

4.学习效率低下
注意力不集中的学生，学习效率是很低的，他们通常给人的印象是花在学习上的时间很多，却见不到成效。如有的学生一个晚上都在看书，可是一页书都没有看完。

（二）注意力不集中的原因

1.学习目的和任务不明确

学习没有目的，劲儿就不知往何处使，更谈不上集中注意力了。同样，如果只有学习目的，而没有具体的学习任务，在每一次学习时，学生也可能会因缺乏必要的紧张感而走神。

2.对所学专业不感兴趣

兴趣是引起注意的重要原因。有的高校学生对自己所学的专业并不感兴趣，总是处于一种被动的学习状态，久而久之形成了过得去就行的心态，学习的注意力自然也难以集中。

3.不适应大学的学习方法

由于大学的教育教学与中学相比发生了很大的改变，高校学生在学习方法上与中学生也有明显的不同。一些不适应大学教育方法的学生在下课之后不知如何复习，并在没有督促、没有压力的情况下，管不住自己，不想学习，学习的注意力自然就难以集中。

4.学习环境不良

不良的学习环境对注意力也有一定的影响，如学习时周围噪声过大，学习环境杂乱，环境过于空旷、冷清等，都易使注意力分散，影响学习效率。

5.个体心理因素的影响

高校学生过度的疲劳和焦虑，也容易导致注意力不集中。长时间用脑，不注意劳逸结合，不讲究学习方法，都会引起大脑过度疲劳。大脑过度疲劳，会使大脑受到抑制，造成注意力分散。另外，如果高校学生过度焦虑，总是担心学习成绩不好，那么势必会将注意力引向这些焦虑点，而不能将注意力很好地集中在学习内容和学习过程中，从而造成注意力的分散，影响学习效果。

（三）注意力不集中的调适

1.明确学习目标，规定任务

高校学生在学习前应根据自己的条件，为自己确立一个适当的目标，并依据目标制订详细的学习计划。每次学习时都应有具体的学习任务，要带着任务和问题进行学习。这样学习才有动力，才不易分心。

2.激发学习兴趣

高校学生入学前，就应开始对所学专业的前景、发展方向做一些了解，以增强对本专业的兴趣，在兴趣向志趣进而向乐趣的转换中不断将注意力集中在学习上。

3.掌握科学的学习方法

高校学生在入学之初，可能会对大学的教育教学方法不适应。高校学生要主动、积极地适应大学教学与中学教学的差异，尽快摸索、总结出一套适应大学教育教学方式并与个人自身条件相适应的科学学习方法，把课后的时间充分利用起来。

4.选择环境，排除干扰

由于每个人的心理特征不同，个人所喜好的学习环境也不同。如有的人必须在绝对安静的环境下才能集中注意力，而有的人在轻柔的乐曲声中更能集中注意力。因此，高校学生可以根据个人的不同情况，选择适合自己的学习环境。高校学生大多过着集体生活，在无法选择环境、无法排除干扰时，就需要有与干扰作斗争的自制力。

5.劳逸结合，张弛有度

要科学地安排作息时间，适当地休息或进行体育活动，防止过度疲劳。同时，要消除焦虑、紧张情绪，保持平和愉快的心境。

6.学会运用思维阻断法

注意力不集中的学生在学习时常会胡思乱想，及时阻止这种纷乱的思绪对于提高学习效率大有益处。当纷乱思想出现时，可采用一些方法阻断注意力的分散，如听一些柔和的音乐，使大脑放松下来；也可把眼睛闭上，反复握拳、松开，使肌肉收缩与放松，同时对自己说"停"，如此反复数次，有助于注意力的集中。

三、学习疲劳与自我调适

学习疲劳是指在连续学习之后，学习效率下降，学习进步速度缓慢，身心症状增加的一种心理与生理的异常状态。学习疲劳包括生理疲劳和心理疲劳。学习疲劳是一种保护性抑制，一般来说，经过适当的休息即可得到缓解，对高校学生的身心发展不会造成什么影响。但如果长期处于疲劳状态，勉强让大脑的有关部位保持兴奋，就会导致大脑兴奋和抑制过程的失调，严重的还会引起神经衰弱等疾病，并可能引发身体器官的病变，严重影响高校学生的学习。

（一）高校学生学习疲劳的表现

1.学习疲劳的生理表现

高校学生在学习时间、强度等方面的过度劳累造成的生理疲劳，主要表现为肌肉痉挛、麻木，眼球发酸，头脑发胀，腰酸背疼，动作不准确、僵硬，打瞌睡等。

2.学习疲劳的心理表现

高校学生学习用脑过度，造成学习疲劳的心理表现主要为注意力分散，思维迟钝，情绪易躁动、忧郁、愤怒，学习效率下降，学习错误增多，对学习易产生厌烦情绪等。

（二）高校学生学习疲劳的原因

1.生理疲劳的原因

高校学生生理疲劳主要是由学习压力过大，学习时间过长，不注意劳逸结合，睡眠时间不足，不注意用脑卫生和用眼卫生等造成的。长时间的生理疲劳对高校学生的学习易造成不良的影响，最终有可能造成其学习上的心理疲劳，影响其身心健康。

2.心理疲劳的原因

造成高校学生心理疲劳的原因是多方面的，除由生理疲劳造成的心理疲劳外，还有由学习内容单调、难度过大、学习过于紧张等造成的心理疲劳，或由其他因素造成的心理疲劳，如由家庭经济问题、思想问题等造成的心理疲劳。

（三）高校学生学习疲劳的调适

1.科学用脑

大脑是人体一切活动的中心，自然也是学习活动的中心。学习活动持续时间过长，就会影响大脑活动的正常运转，引起疲劳。因此，科学用脑，保证大脑的清醒状态，是缓解学习疲劳的有效方法之一。要做到科学用脑，首先，从生理上要做到饮食合理，给大脑充足的营养，保证其功能的正常发挥。其次，在学习时要根据不同的学习内容，合理安排用脑时间。最后，要注意不能用脑过度，不要等到"脑袋麻木"了才停止学习和工作，否则极易引起大脑损伤，进而诱发各种身心疾病。因此，高校学生要学会劳逸结合，才能更有效地预防学习疲劳的产生。在平时要注意加强体育锻炼，使脑力劳动和体力劳动交替进行，以改善血液循环，消除大脑和肌体的疲劳。

2.创设良好的学习环境

学习环境对人的心境有很大的影响。有研究表明，良好的学习环境可使人们在学习活动中身心舒畅，提高学习效率；而嘈杂、脏乱的学习环境可能使人们心烦意乱、焦躁不安。因此，高校学生在学习时应尽可能地为自己创设一个良好的学习环境，避免身心疲劳的发生。

3.培养学习兴趣

高校学生若对学习感兴趣，则可在学习时心情愉快，长时间学习而不知疲倦；反之，其若对学习不感兴趣，就会感到学习内容枯燥、学不进去，很快就会进入疲劳状态。可见，高校学生有意识地培养自己的学习兴趣，有利于避免学习疲劳的产生。

四、网络成瘾与自我调适

（一）网络成瘾

网络成瘾指个体经常性地过度使用网络导致的一种精神行为障碍，表现为对网络使用产生强烈的欲望，突然停止或减少使用时出现烦躁、注意力不集中、睡眠障碍等问题。网络成瘾分为计算机网络游戏成瘾、网络色情成瘾、网络交友成瘾、网络信息收集成瘾、网络交易成瘾。

有学者认为，网络成瘾是由于重复地使用网络而导致的一种慢性或周期性的着迷状态，并且给人带来难以抗拒的再度使用欲望，同时使人对上网带来的快感一直有生理及心理的依赖。也就是说，网络的许多特质可以带给使用者快感，同时又因很容易重复获得这些快感，使用者便在享受这些快感时渐渐失去了时间感，逐渐对网络产生依赖，出现沉迷和上瘾的现象。

网络成瘾是一种心理障碍，不仅不利于个体的健康发展，还成为一种日益严重的社会问题。它的形成既有网络传播特性的原因，也有个体自身人格缺陷和现实社会生活压力的原因。互联网内容虽然丰富却很复杂，良莠不齐，高校学生在互联网上接触的消极思想会影响他们积极人生观的形成，并且使他们沉溺于网络的虚拟世界。

网络成瘾的判定标准常用的有三个：一是连续一个月以上每天上网玩游戏4～6个小时，严重影响了工作和学习；二是认为上网能得到快乐；三是不上网就会出现躯体症状，如头痛、出汗、烦躁不安等，但一坐到电脑面前，这些症状就立刻消失。

美国心理学会评估网瘾的标准有以下几个。

①每个月上网时间超过144小时，即平均一天上网时间4.8小时以上。

②头脑中一直浮现和网络有关的事。

③无法抑制上网的冲动。

④上网是为逃避现实、戒除焦虑。

⑤不敢和亲人说明上网的时间。

⑥因上网造成课业及人际关系的问题。

⑦上网时间往往比自己预期的时间久。

⑧花许多钱更新网络设备或上网。

⑨花更多时间在网络上才能获得心理满足。

正对以上内容，只要有5项以上的回答为"是"，即说明上网成瘾。

（二）网络成瘾的心理调适

1.培养良好的自我控制能力

因为对网络具有浓厚的兴趣而不分昼夜地上网，放弃原定的安排，沉溺于网络之中，显然是不正常的心理表现。培养自我控制能力对于保持网络心理健康有着重要的意义。心理健康的人能够把自己的行为控制在理性的范围内，上网有较强的目的性和时间性。网络只是我们生活的一部分，而不是生活的全部。不论是为了获取信息还是为了休闲消遣，都应该有节有度，该工作的时候要工作，该休息的时候要休息。不要因为上网影响正常的学习、工作和生活，破坏了自己的生物钟。

2.以平静的心态面对不友善的交往

因为网络交往具有隐蔽、间接的特点，有些人的责任感就会降低，做出一些不自律的举动，比如有些人开一些不适宜的玩笑，还有一些人用网络语言进行调侃。一些初上网的人对网络环境下的交往方式很不适应，遇到上述问题时，往往会心理失衡，生闷气。如果对方造谣生事、恶意诽谤，应该泰然处之，用平静的心态去应对这些问题。

3.有辨别信息真伪的能力

在网络世界中，信息像汹涌波浪一样迎面而来，让你目不暇接，如果用怀疑一切的心态对待网络信息，就得不到任何有用的东西；而完全相信网络信息，则可能频频上当。我们要清楚地认识到，网络只是帮助我们认识世界的一种手段，要客观地对待网络信息，既不能盲目相信，也不能偏听偏信，更不能传播谣言。正确的做法应该是运用现有知识，理智地辨认和分析错误信息，能够有勇气及时纠正自己的错误认知和行为。

4.正确处理网络与现实生活的关系

网络信息是现实生活的反映，其基础仍然是现实社会。我们要能够分清虚拟与现实，上网后要判断一下感觉是否良好；离开网络后，也要能从网络的虚拟世界中走出来。逃避现实生活，沉溺于网络的虚幻中，影响了正常的学习、生活，是心理不健康的表现。

5.形成良好的网络行为习惯

人在成长过程中，都会自然地形成相对固定的行为习惯。网络心理健康的人，也会有良好的网络行为习惯，这种习惯会与其社会角色、年龄相适应。例如，一个正在写毕业论文的高校学生，上网的时间可能就会多一些，一两天都在上网是很正常的，因为他需要使用网络资源，查阅大量的资料；一个马上要期末考试的高校学生，上网的时间可能就会少一些。

第七章 高校学生的情绪管理

第一节 情绪概述

情绪反映每个人内在的心理状态，是人心理状态的晴雨表。生活总是丰富多彩的，生活的酸甜苦辣可以让人们体验各种各样的情绪。

一、情绪的定义

情绪是个体对客观事物是否符合自身需求所产生的体验。人们通常以愤怒、悲伤、恐惧、快乐、爱、惊讶、厌恶、羞耻等反应来描述情绪。中国人常说的喜、怒、哀、惧、爱，恶、欲，也可以被称作情绪。

总之，情绪与人的需要和动机有密切的关系。例如，人们的某种需求得到了满足，将会产生愉快的情绪；个体的某个目的没有达到时，将会产生难过的情绪。

情绪是由刺激引起的。情绪不会自发产生，而是由一定的客观事物引起的。人们为了生存与发展，在社会生活中，要接触各种事物，这些事物对人的意义各不相同，因而人们对其所持有的态度也各不相同。例如，丑恶的现象让人憎恨，美好的事物让人愉悦等。另外，即使对同一事物，人们也会因各自的思想观念不同而产生不同的体验。例如，榴梿这种水果，有人闻到它的气味就很开心，而吃不惯榴梿的人闻到它的气味就会觉得很难受。这些由种种事物引起的喜、怒、哀、乐等体验，就是情绪的不同表现形式。

需求是情绪产生的中介。不是任何客观事物都能够引起个体情绪体验的。例如，车的鸣笛声在一般情况下不能引起人们的情绪体验，但当人们焦急等待客车时，客车到来时的鸣笛声会让等车的人感到高兴。这说明，客观事物能不能引起人的情绪体验，是以人的需求为中介的，情绪是客观事物与人的需求之间关系的反映。能够满足人的需求、符合人的愿望的客观事物，就会使人产生愉快、喜爱等肯定的情绪体验；不符合人的需求或者违背人意愿的客观事物，就会使人产生郁闷、厌恶等否定的情绪体验。

二、情绪的分类

虽然人的情绪各种各样，但是，人类却有一些基本的情绪是共有的。一般认为，快乐、愤怒、恐惧、悲哀是人类不需要学习就有的情绪，是人类的基本情绪。

（一）快乐

快乐是一种追求达到目的时，或者紧张解除后所产生的情绪体验，是人的需求得到满足后产生的喜悦、满意、振奋的情绪。快乐让人产生超越感、自由感和接纳感。一般来说，快乐的程度可以分为满意、愉快、欢乐、狂喜等。

（二）愤怒

愤怒是由于所追求的目标受到干扰或阻碍，愿望无法实现，目标不能达到时所产生的情绪体验。愤怒可以细分为不满意、生气、激怒、暴怒等。在遭遇不合理的挫折或恶意伤害而造成不幸时，人最容易产生愤怒情绪。

（三）恐惧

恐惧是企图摆脱、逃避某种危险情景时所产生的体验。缺乏准备、不具备处理或驾驭某种可怕情景的能力与手段，是引起恐惧的重要原因。例如，遇到风暴、水灾时，由于经验不足、无力应对，人们就会产生恐惧甚至绝望的情绪。有时候，当人们熟悉的环境发生了意想不到的变化或者出现了与个人经验不一致的现象时，也会产生恐惧。

（四）悲哀

悲哀是在失去心爱的对象、愿望破灭、理想不能实现时所产生的体验。对象、愿望，理想的重要性与价值决定了悲哀情绪体验的程度。悲哀可以细分为遗憾、失望、难过、悲伤、极度悲痛等。

在以上四种基本情绪之上，还可以派生出众多的复杂情绪，如厌恶、羞耻、悔恨、嫉妒、喜欢、同情等。

三、情绪的发生机制

人们每天的活动都伴随着一定的情绪，有时轻松，有时焦虑，有时欢乐，有时忧愁。那下面具体分析情绪的发生机制。

（一）情绪与情境

情绪的产生必然有其发生的情境。学业的成功、工作的顺利、生活的美满等都可让人产生愉快的心情；反之，人际冲突、学习压力、生活中的挫折甚至恶劣的天气等都易使人感到烦躁和抑郁。

（二）情绪与需要

情绪因需要的满足与否而具有肯定或否定的性质，它可以作为衡量人的需要是否得到满足的一个指标。例如，由饮食的需求而引起的满意或不满意的情绪，由危险情景引起的恐惧情绪，以及和搏斗相联系的愤怒情绪等。

（三）情绪与认知

心理学研究表明，认知发生改变，情绪也会相应地发生变化。因此，面对同样的事物，不同的认知就会产生截然不同的情绪感受。例如，同样是半瓶水，一个乐观主义者会因为还有半瓶水可以饮用而感到欣慰和满足，而一个悲观主义者则会因为只有半瓶水而感到焦虑和不满。因此，从某种意义上说，认知可以决定人的情绪。

（四）情绪与行为

行为是人的情绪的重要表现形式，而情绪对行为也会有一定的调节作用。当人在进行能满足自己需要的一些行为时，会产生一种欣慰和充满热情的情绪感受，它会对人的行为起到促进作用；而当人的某一行为破坏或阻碍了自己的某一种需要时，就会产生厌烦、排斥的情绪感受，它会对人的行为起到抑制作用。可见，情绪与行为的关系并非单一的决定与被决定的关系，而是相互影响的关系。

四、情绪的功能

在人们的生活中，情绪并不是一种毫无目的、毫无意义的伴随体验，相反，它们是个体在适应外界变化的过程中产生的，其功能十分强大。

（一）动力功能

达尔文认为，人类祖先在狩猎和搏斗时，会产生愤怒的情绪，这有助于增强体力，进而战胜猎物或敌人。现代科学清楚地揭示出，人在出现紧张情绪时，会表现出一系列生理变化，如血压升高、呼吸频率加快、肾上腺素分泌增加等。这些生理变化对于一个人应对紧急状况具有很大帮助。适度的情绪反应能够提高人的活动效率，推动人们更加快速、有效地完成工作任务。

（二）自我防御功能

适度的情绪能够帮助人们做出更迅速的反应。当受到威胁时，人就会恐惧；当发生利益或权利冲突时，人就会愤怒；当吃到不洁食物时，人就会厌恶。个体的这些情绪反应表现出非常明显的自我防御性功能。

（三）社会适应功能

情绪能够使个体根据不同的刺激事件灵活地做出适应性反应，并对个体与环境间的关系进行调节。由于情绪的机能不仅源于个体全部的先天机能，还源于学习及认知活动，所以我们可以说情绪具有灵活性。

人的许多种情绪都具有一定的社会适应功能。例如，人的羞怯感可以加强个体与社会习俗的一致性；当个体对他人造成伤害时，内疚感可激发个体进行弥补。另外，同情、喜欢等情绪也能起到构建和保持社会关系的作用。情绪可以增强群体的凝聚力，能够帮助个体提高社会适应能力。

（四）信号功能

一个人能够凭借表情传递情感信息，也能凭借表情传递自己的某种思想和愿望。表情是思想的信号，例如微笑表示友好，点头表示同意，摇头表示否定。俗话说"出门看天色，进门看脸色"，就是说可以通过他人的情绪反馈信息，领悟到他人对自己的态度。

（五）强化功能

大量研究表明，当出现紧急情况时，消极的情绪（如愤恨和惊恐）能够唤起大脑的警觉水平；积极的情绪（如喜悦和快乐）能使一个人的感觉、知觉变得敏锐，使个体的记忆力增强，思维更加灵活，有助于个人内在潜能的充分发挥。

第二节　高校学生情绪的特点

高等教育阶段是人生中非常重要的阶段，是个体认知、情绪和行为发展的关键时期。高校学生作为一种特殊群体，其情绪也具有鲜明的特点，因此正确看待高校学生的情绪特点，充分利用情绪中的优点为身心健康服务是当前高校学生情绪教育的重要课题。

一、丰富性和复杂性

从生理发展分段来看，高校学生正处于青年期，各种情绪都可在高校学生身上体现出来，并且各类情绪的强度不一；从自我意识的发展来看，高校学生表现出较多的自我体验，自我尊重的需要强烈，易产生自卑、自负等情绪体验；从社交方面来看，高校学生的交际范围日益扩大，与同学、朋友及师长之间的感情更细腻、更复杂。

在情绪体验的内容上，高校学生的情绪呈现出复杂的特征，从惧怕的情绪来说，高校学生所怕的事物，主要与社会的、文化的、想象的、抽象的事物和情境有关，如怕考试、怕陌生人、怕惩罚、怕寂寞等。

二、波动性和两极性

尽管高校学生的认识水平有了一定的提高，对自己的情绪已有了一定的控制能力，情绪亦趋于稳定，但高校学生相对敏感，情绪带有明显的波动性，一句善意的话语，一个感人的故事，一支动听的歌曲，一首情理交融的诗歌，都可使学生情绪发生变化。特别是在社会转型过程中，社会的变迁、体制的变革、新旧价值观的更替，种种复杂的社会现象更容易使高校学生产生困惑和迷茫，从而产生情绪的困扰与波动。

同时，由于高校学生正处于情绪表现的"动荡"时期，自我认知、生涯发展及心理发展还未成熟等原因，他们的情绪起伏较大，带有明显的两极化特征：胜利时得意忘形，挫折时垂头丧气；喜欢时花草皆笑，悲伤时草木流泪。

三、冲动性与爆发性

心理学家霍尔（G. S. Hall）认为青年期处于"蒙昧时代"向"文明时代"演化的过渡期，其特点是动摇的、起伏的，他把这一时期称为"狂风暴雨"时期。由于知识水平和认知能力的提高，高校学生对自己的情绪能够有所控制，但由于他们兴趣广泛，对外界事物较为敏感，加之年轻气盛和从众心理，因而在许多情况下，其情绪易被激发，带有很大的冲动性。他们往往对符合自己信念、观点和理想的事件或行为迅速产生热烈的情绪，对于不符合自己信念、观点和理想的事件或行为，则迅速产生否定情绪。

高校学生情绪的冲动性常常与爆发性相连。高校学生的自制力较弱，一且出现某种外部强烈的刺激，情绪便会突然爆发，再借助于冲动的力量，其往往会在语言、神态及动作等方面失去理智的控制，忘却了其他任何事物的存在，极易产生破坏性的行为和后果。

四、阶段性和层次性

由于高等教育阶段不同年级学生的培养目标和培养重点不同，教育方式和课程设置有所区别，各个年级面临的问题不同，高校学生的情绪特点也不同，呈现出阶段性和层次性的特点。新生所面临的是适应环境、改变学习方法、熟悉了解新的交往对象，以及确立新的目标等问题。新生自豪感和自卑感混杂，放松感和压力感并存，新鲜感和恋旧感交替，情绪波动大。大二、大三的学生经过了大一阶段的适应过程，能够融入校园生活，情绪较为稳定。毕业班学生因面临毕业论文（毕业设计）及择业等多方面的重大问题，往往压力较大，情绪波动也大，消极情绪较多。

五、外显性与内隐性

高校学生对外界刺激反应迅速敏感，喜、怒、哀、乐常形于色，比较外露和直接。但比起中小学生，高校学生会掩饰、隐藏或抑制自己的真实情感，表现出内隐、含蓄的特点。一般而言，高校学生的很多情绪是一眼就能看出的，如在考试第一名或赢得一场球赛时，马上就能喜形于色。但由于自制力的逐渐增强，以及思维的独立性和自尊心的发展，他们情绪的外在表现和内心体验并不总是一致的，在某些场合和特定问题上，有些高校学生会隐藏或抑制自己的真实情感，有时会表现出内隐、含蓄的特点。例如，对学习、交友、恋爱和择业等具体问题，高校学生的情绪往往具有很大的内隐性。另外，随着高校学生社会化的逐渐完成与心理逐渐成熟，他们能够根据特有条件、规范或目标来表达自己的情绪，使得自己的外部表情与内部体验的不一致性降低。

第三节　高校学生的情绪困扰及调适

一、高校学生常见的情绪困扰

（一）焦虑

人们面临威胁或预料到某种不良后果时，产生的一种伴有忧虑、紧张、害怕、担忧等情绪体验的不安状态，就是焦虑。引发焦虑的因素较多，如适应困难、学习压力大、人际关系紧张等，都可能是焦虑的诱因。

根据焦虑的程度，可以将其分为四个层次。

①身体紧张，表示自己无法放松，全身紧张，表情严肃，长吁短叹。

②自主神经反应强烈，表现为容易出汗、眩晕、呼吸急促、心跳过速、大小便频繁等。

③对未来产生莫名的担心，如莫名地担心职位、工作、亲人、财产、健康等。

④过分机警。时时刻刻处于警觉状态，对周围的细微变化和他人的言行充满高度警惕。

适度的焦虑对人是有益的。它可以使人提高警觉水平，加快心理反应的速度，极大地调动身心潜能，从而更好、更快地解决问题。但是，不适当的、过分的焦虑则会使人的心情过于紧张，心烦意乱，注意力不能得到很好的集中，不能进行正确的推理和判断，记忆力减弱，使人的大脑出现反应迟钝的现象。有的还会伴有头痛、心跳加快、失眠、食欲不振等身体反应。

（二）抑郁

压抑的心情是抑郁最明显的症状，其表现是人好像坠入了万丈深渊，正被淹没或窒息。其他感觉还包括特别容易生气，感到愤怒或有负罪感等。

抑郁还往往伴随着焦虑，对所有活动失去信心和兴趣，渴望独处。

抑郁常伴随着个体思维方式的转变，这些认知改变可能是一般性的，例如，注意力不集中、记忆力衰退或者很难作出决定等。在思考中可能有更多的心境转变，会消极地看待世界、自我和未来。与此同时，还伴随着身体不适。例如，经常乏力，起床变得困难，更严重时睡眠方式都将改变，睡得太多或者早晨醒得太早。还可能出现饮食紊乱，吃得过多或过少，随之而来的体重激增或骤减。

抑郁是一种持续时间比较长的低落、消沉的情绪体验。抑郁往往和痛苦、不满、懊恼、困惑等情绪交织在一起。

一般情况下，抑郁的情绪多发生在性格内向、孤僻，敏感多疑，依赖性强，不爱交际，生活遇挫，觉得自己的长期努力并未得到回报和补偿的学生身上。另外，有些高校学生由于不喜欢所学的专业，或者因为人际关系处理不当、失恋等问题，也会产生抑郁情绪。

（三）愤怒

愤怒是一种常见的消极情绪，它是当人对客观现实的某些方面不满，或者个人的意愿一再受到阻碍时产生的一种身心紧张的状态。一般说来，引起愤怒的原因有外部原因和内部原因两类。

1.外部原因
引起愤怒的外部原因主要有以下几个。
①个人期望（升学、提干、评奖等）没有实现。

②遭遇不公平的事情。

③受到侮辱。

④权利受到侵犯，上当受骗。

⑤对某人、某事嫉妒等。

2.内部原因

引起愤怒的内部原因主要有以下几个。

①个人的意志和自我控制能力差。

②个人性格。如一般脾气急躁的人容易发怒。

③个人的错误认识。例如，有的人认为发怒可以威慑他人、挽回面子、推卸责任、满足愿望等。

④身体状况和心理状态。例如，人在生病、疲倦、心境不佳时易怒。

愤怒对一个人的身心健康有明显的消极影响。愤怒可以让人失去理智，因愤怒而失去理智的人，常常有损人、损物、伤人、违纪，甚至违法犯罪的行为。

（四）嫉妒

因他人在某些方面胜过自己而引起的不快甚至是痛苦的情绪体验即为嫉妒。嫉妒是自尊心的一种异常表现，会影响人与人之间正常、真诚地交往。嫉妒的具体表现为：当别人的学识能力、品行荣誉，甚至衣着打扮、容貌风度超过自己时，内心产生不平、痛苦、愤怒等感觉；当别人遇到不幸或者遭遇困境时，就幸灾乐祸，甚至落井下石，在人后污蔑、诽谤别人。

（五）冷漠

冷漠是指人对外界刺激缺乏相应的情感反应，对生活中的悲欢离合相对都无动于衷。冷漠的具体表现是对任何事情都漠不关心，有冷淡、退让的消极情绪体验。例如，有的高校学生对周围的人和事都无所谓，对同学态度冷漠，对自己的前途命运、国家大事等漠然置之，使自己游离于社会群体之外，独来独往，对各种刺激没有反应。这种冷漠的情绪状态大多是压抑内心情感的一种消极逃避反应。具有这种情绪的人，从表面上看虽然比较平静，但是其内心往往有强烈的痛苦、孤寂和压抑感。如果高校学生长期处于这种情绪状态中，其巨大的心理能量就无法释放，从而破坏心理平衡，影响身心健康。

改变认知是克服冷漠最根本的办法。高校学生要积极发现生活的意义，发掘自我的价值，改变对人生消极的看法；要积极投身到各种有意义的活动中，融入集体生活，进行积极的自我暗示与自我提升；要正确认识自我与他人，正确理解个体与社会，并努力矫正自己的非理性观念。

二、高校学生情绪调适的方法

不良情绪会对人的身心健康造成伤害，因此，对于高校学生的情绪，心理学家主张积极进行科学指导，并极力提倡高校学生进行自我调节。可以采取不同方法，对不同情境中的负面情绪进行自我调节和控制。

（一）学会调节与控制情绪

情绪对我们的影响无所不在。高校学生对于不良情绪，积极的做法应当是坦诚地面对它，善于运用各种方法进行自我调适，发挥自身对情绪的制约作用。对于各种负面情绪，可以采取不同的方法，并结合自己的实际情况来进行调节，以下这些步骤与方法是具有普遍指导意义的。

1.觉察自己的情绪

情绪调节的前提是树立自觉意识，换个说法，也就是必须承认某种情绪的客观存在。如有恐惧心理的人，首先得承认自己的惧怕，否则根本无法消除恐惧。情绪觉察可以让人们深刻地了解自己的情绪反应模式、情绪产生的原因，同时，能够帮助人们洞悉当前情绪与事件、想法之间的因果关系。

下面这些方法可以提高自身的情绪觉察能力：①经常记录整理情绪，增加对情绪的认知。②养成撰写个人心情日记或记录自己情绪状态的习惯。③寻找一个完全属于自己的时间和空间，放声地、自由地把任何感觉不加责备、不做逃避地说给自己听。④确定某一情绪主题，如忧伤。进行与童年有关的自由联想，把所想到的事情不做任何筛选地大声讲出来，甚至对忘记的部分进行虚构，用以澄清自己内心的感受。⑤询问自己的长辈、朋友等了解自己童年的人，向他们了解关于自己童年的喜怒哀乐，从过去的经验或回忆中归纳自己的情绪。

2.正确表达情绪

维护情绪健康的根本要求是以适当的方式和方法，正确表达自己的情绪。情绪的正确表达有以下三个要求。

首先，情绪反应应有适当的原因和对象，也就是说，当事人要明白产生情绪的原因及产生的相应的情绪类型，而不是对情绪反应莫名其妙、一无所知。

其次，情绪反应应与情境刺激相一致，也就是情绪反应强度要与刺激强度保持一致，反应过强或过弱都是不正常的。

最后，情绪反应该有一定的时间限度，不可无止无休。

情绪反应要随着环境和认知的变化而变化，如果环境和认知变化不能引起相应的情绪变化，就可能是非正常反应。

3.了解负性情绪的形成原因

了解负性情绪的产生，能够让高校学生更好地调节自己的情绪。在现实生活中，引起高校学生负性情绪的原因有很多，概括起来主要包括遗传、生理、环境、认知等四大因素。

（1）遗传因素

遗传因素主要通过不同神经类型的形成对情绪发挥影响。神经类型一般分为四大基本类型。

①脆弱型：情绪压抑，情感脆弱，经受不住挫折和打击，容易出现异常情绪。

②安静型：平静，冷静，忍耐力和自我调节能力都比较强，但是情绪不易

转移，有时会表现得很压抑。

③活泼型：这种类型的人头脑灵活、易兴奋，具有较强的自我调节能力。

④粗暴型：这种类型的人易与人发生冲突，脾气粗暴，外向性格较为明显，精神负担重，易冲动。

（2）生理因素

当躯体发生病变，例如中枢神经感染、缺氧、中毒等会影响情绪。当人体生物节律发生变化，例如当情绪节律处于低潮期时，也会影响情绪。

（3）环境因素

环境对情绪的波动也有明显的作用。学校、社会、家庭等都是影响高校学生情绪的环境因素。例如，家庭的经济状况、家庭成员的关系等都会对高校学生的情绪产生影响。

（4）认知因素

片面的认知方式和错误的观念是产生不良情绪的重要原因。正确的认知评价会产生积极的情绪体验和行为反应，片面的认知评价则产生消极的情绪体验。

4.情绪的缓和与转换

当高校学生出现不良情绪时，为了使自己走出情绪困扰，就要想办法缓和、转化自己过激或不稳定的情绪，这是让自己愉快生活的基本方法。缓和与转换不良情绪的方法比较多，一般说来，人们常用的方法如下。

①认知调整法：积极改变自己的不合理认知，达到调整情绪的目的。

②情绪宣泄法：通过多种途径和方式，把不良情绪表达和发泄出来，释放心里郁积的情感，来促进心理平衡。

③活动转移法：在不良情绪出现时，让自己听听舒缓的音乐，参加自己喜欢的体育活动，看看自己感兴趣的电影或者光碟，阅读一些书刊等。

④身心松弛法：如果不良情绪困扰自己，不如调整自己的呼吸频率，进行深度呼吸，或者通过意象训练的办法来调整不良情绪。

⑤寻求帮助法：如果自己运用了多种办法仍然没有办法改变不良情绪，那就要向朋友、亲人、师长、心理辅导员、心理医生等寻求帮助。通过向他们倾诉求助，可从新的视角看待问题，重新评价困境，找到新的思路解决问题。

（二）培养健康的情绪

1.加强意志锻炼

意志是指人们自觉地确定目标，并有意识地按照目标的指引，调节自身行为，并在克服各种困难的过程中，实现预定目标。

在现实生活中，很多高校学生能有始有终地追求自己的人生理想。他们有坚韧不拔的意志，有不达目的誓不罢休的斗志。但是，也有的高校学生常常半途而废、浅尝辄止，他们的意志极其薄弱。

良好的意志品质具有自觉性、自制力、坚持性和果断性等特点。高校学生要使自己具有良好意志品质，就必须在自觉性、自制力、坚持性和果断性等方面进行有意识的锻炼。

①高校学生要有远大的理想、坚定的信念。只有目标明确，才会有奋斗的方向，才会有奋发进取的动力，才会激发自己朝着目标前进。

②高校学生应该把自己的人生目标分成若干个切实可行的小目标，再把小目标分成若干实施步骤，一个一个地完成，切勿操之过急。

③高校学生在树立自己的人生目标时，要量力而行。如果目标过高、难以实现，就会形成挫折；目标太低，则容易自满，导致停滞不前。

2.培养良好的性格

性格是影响一个人心理健康的重要因素之一。性格包括稳定的人生态度和惯常的行为方式两个要素。

当代高校学生要拥有良好的性格，一般来说应做到以下几点。

①能够客观地面对现实。

②能客观地评价和接受自己，不无端地排斥他人，能够很好地融入社会。

③具有独立思考和独立处理事情的能力。

④在现实生活中，具有适度的幽默感。

⑤具有较好的交际能力，有知心朋友。

⑥见多识广，且能够立足自己的实际，树立远大理想。

⑦能够明辨是非、善恶分明。

⑧能准确、自然、得体地表达自己的情绪与思想。

第八章　高校学生的人际交往

第一节　人际交往概述

一、人际交往的定义

所谓人际交往，通常是指人与人之间通过一定的方式进行接触，从而在心理上和行为上产生相互影响的过程。人际交往具有两个最主要的特征：其一是必须有人与人之间的信息交流，如知识经验的交流，需要、欲望、态度、情绪的交流；其二是必须有交往双方心理上的接触和相互作用。交往的双方都是活动的主体。

人际交往是人类社会生活的一个重要现象。很多学科，如哲学、社会学、心理学等，都将其作为自己的研究对象之一。哲学家研究的是人为什么会交往，交往的前提条件是什么；社会学家通过人际交往引出的相关社会现象及社会问题，来分析人与社会的关系；心理学家则侧重研究人际交往的心理条件、交往的动机、相互吸引与排斥的心理作用，以及交往的理想效果等。

人际交往既是人的社会性的体现，也是人的社会性存在的前提条件。马克思主义认为，劳动创造了人，劳动实践使人产生了自己的社会性，这是人与动物的根本区别。人们的交往过程，是人们对在共同的生产活动中创造出的语言、文化及各种符号的相互理解过程。因此，也可以说人们的交往行为就是人与人之间用多种方式和手段进行的经验、知识和感情的交流。

在人际交往中，交往的主体包括个人或群体，交往的方式可以分为直接交往和间接交往、正式交往与非正式交往、单向交往与双向交往等类别。人际交往的双方往往互为主客体，彼此既影响对方，也接受对方的影响。人际交往的工具包括语言符号系统和非语言符号系统：语言符号系统可以分为口头语言和书面语言；非语言符号系统可以分为视动符号系统、时空组织系统、目光接触系统和辅助语言系统。

二、人际交往的意义

高校学生生活在校园、家庭、社会中，每天都与人打交道。人际交往是否正常发展、人际关系是否和谐，直接影响到高校学生能否健康成长和成才。高校学生人际交往的正常发展对他们的成长发展至关重要。

（一）人际交往有助于高校学生完善自我和重塑个性

心理学研究结果表明，一个人与他人通过积极的交往形成亲密的关系，是其心理乃至身体正常发展不可缺少的条件。如果一个人缺乏了正常的交往及由此建立起来的信赖、亲密的关系，不仅性格发展会出现问题，智力发展也会出现问题。人际交往是高校学生完善自我和实现个性发展的必经之路。高校学生通过与他人相处，与他人比较，并通过他人对自己的评价，可以看到自己的优点和缺点，可以知道社会对自己的要求，从而正确认识自我，不断调整自己的行为，努力进取，完善自己的个性，使自己的潜能得到进一步发挥。高校学生在与他人交往的过程中，将他人的优良品质，积极的人生观、价值观、精神风貌等吸收过来，融为己用，以促进自己个性的健康发展。

（二）人际交往有助于高校学生提高学习效率和智力开发

在知识经济时代，知识的更新极为频繁，每个人都需要不断地进行知识的补充和更新。在积极的人际交往中，人与人之间积极沟通，相互学习、激励，在知识上互相补充和促进。高校学生彼此之间的畅所欲言，互帮互助，能够提高学习效率，巩固学习效果。积极的人际交往还能促进高校学生的智力开发。在与人交谈时，人的思维比平时活跃，灵感会频频出现，许多新观点就是在思想的碰撞中产生的。英国大文学家萧伯纳说过："你我是朋友，各拿一个苹果彼此交换，交换后仍然是各有一个苹果；倘若你有一种思想，我也有一种思想，而朋友间交流思想，那我们每个人就有两种思想了。"由此可见，人与人之间的交往对人的智力开发是何等重要。

（三）人际交往有助于高校学生身心健康发展

每个人都有强烈的交往需要，都害怕孤独，强烈的孤独感会影响人的身心健康。高校学生远离家乡、远离亲人，来到一个陌生的环境读书，心中难免会产生失落、孤独的情绪。积极的人际交往能帮助高校学生建立良好的人际关系，使其归属到一个集体或群体中，得到认同和关心，在接受和给予、爱和被爱的过程中感受到心灵的满足和幸福。同学之间互相诉说各自的喜怒哀乐，从朋友那里得到理解和宽慰，把忧愁和苦闷等不良情绪都宣泄出来，能够减少心理疾病的发病机会。高校学生进行正常的人际交往，是身心健康的必备条件，是个性自由发展的关键环节。积极的人际交往一方面可以帮助高校学生宣泄、转移和遗忘不良情绪，使其放下不快，心理矛盾得到缓解，心理压力得到释放，不至于积重难返；另一方面可以使高校学生心里有所依托，精神充实，心情舒畅，保持身心健康。

三、人际交往的原则

（一）交互原则

从心理学上讲，每个人都是天生的自我中心者，都希望别人能承认自己的价值，支持自己、接纳自己、喜欢自己。由于个体具有这种寻求自我价值被确认和情绪安全感的倾向，在社会交往中，个体更重视自己的自我表现，希望吸引别人的注意，希望别人能接纳自己、喜欢自己。美国社会心理学家阿伦森（E. Aronson）的研究表明，人际关系的基础是人与人之间的相互重视、相互支持，对于真心接纳我们、喜欢我们的人，我们也更愿意接纳对方，愿意同他们交往并建立和维持友好关系。如果别人的行动偏离了我们的期望，我们就会认为别人不通情达理，从而产生一种不愉快的情绪体验，对对方产生心理排斥。同样，对于排斥、拒绝我们的人，其排斥与拒绝对我们是一种否定。可见，我国古人所讲的"爱人者，人恒爱之""己所不欲，勿施于人"是有心理学基础的。

（二）功利原则

美国社会学家霍曼斯（G. C. Homans）提出，人与人之间的交往本质上是一个社会交换的过程。我国心理学家研究发现，由于人们的价值观不同，人际交往中存在着不同的社会交换机制。对于重内在情感价值的人而言，他们在人际交往中个人情感卷入更多，因而有明显的重情义、轻物质的倾向，与别人的交换倾向于增值交换过程。他们在人际交往中感到欠别人的情分，因此在回报时，往往也超出别人的期望，这种过程的循环往复，会使双方都感到得大于失。与此同时，对于重外在物质利益的人而言，他们在人际交往中的物质利益意识多于个人情感意识，因此倾向于用物质来衡量自己的得失，在人际交往中处于减值交换。

（三）自我价值保护原则

自我价值保护指个人对自身价值的肯定意识与评判。每个人为了保持自我价值的确立，在心理活动的各个方面都会有一种防止自我价值遭到否定的自我支持倾向。

当我们面对肯定的人转向否定时，我们面临两种选择：一是承认别人转变的合理性，否定我们自己，贬低自我价值；二是进行自我价值保护，尽可能维护自我价值，不使之降低。相关研究表明，自我价值的否定是非常痛苦的，因此当面临自我价值受威胁时，人的优先反应不是否定自身，而是尽可能保护自己。因此，人际交往必须遵循尊重、理解、宽容、真诚、信用等原则。

（四）尊重原则

尊重包括自尊和尊重他人两个方面。自尊就是在各种场合自重自爱，维护自己的人格。尊重他人就是重视他人的人格、习惯与价值，尤其是对他人隐私的尊重。只有尊重他人才能得到他人的尊重。

俄国作家屠格涅夫有一天走在街上，一个年迈体弱的乞丐向他伸出发抖的双手，大作家找遍衣袋，分文没有，他感到惶恐不安，只好上前握住乞丐的手，深情地说道："对不起，兄弟！我什么也没有，兄弟！"哪知，大作家这一声声"兄弟"，却超过了钱币的价值，立刻使老乞丐为之动容，老乞丐泪眼盈盈地说："哪儿的话，这已经很感恩了，这也是恩惠啊！"无论是什么人，无论他的地位高低，渴求得到尊重的心情是一样的。

（五）真诚原则

真诚待人是人际交往中最有价值、最重要的原则。以诚待人是人际交往得以延续和深化的保证。美国一位心理学家曾列出了555个描写人品的形容词，让高校学生说出最喜欢哪些、最不喜欢哪些，结果学生评价最高的八个形容词中，六个和真诚有关，即真诚、诚实、忠诚、真实、信赖和可靠，而评价最低的品质中，虚伪居首位。在交往中，只有彼此抱着心诚意善的动机和态度，才能相互理解、接纳、信任，在感情上引起共鸣，使交往关系更加稳定。

（六）宽容原则

宽容表现在对非原则问题不斤斤计较，能够以德报怨。高校学生在人际交往中难免会遇到一些不愉快的人和事，要学会宽容，学会克制与忍耐。高校学生在人际交往中心胸要宽、姿态要高、气量要大，遇事要权衡利弊，切不可事事斤斤计较、苛求他人、固执己见，要尽量团结那些与自己见解有分歧的人，营造宽松的交际环境。学会原谅别人是美德，学会宽容别人是高尚。有了这样的心境，才会有良好的人际关系，才会使自己每一天都快乐。

（七）理解原则

金玉易得，知己难寻。所谓知己，是能够理解和关心自己的人。相互理解是人际沟通、促进交往的条件。理解不等于知道和了解，就人际交往而言，我们要想理解他人，不仅要细细了解他人的处境、心情、特性、好恶、需求等，还要根据彼此的情况，主动调整和约束自己的行为，尽量给他人以关心帮助，多为他人着想，自己不爱听的话别说给别人听，自己反感的行为也别强加于人。

（八）守信原则

守信有两层含义：一是言必信，即说真话，不说假话。二是行必果，即说到做到，遵守诺言，实践诺言。

要取信于人，应做到以下几点。第一，说到做到。第二，不仅要信任别人，而且要争取别人的信任。第三，不要轻易许诺，不说大话，不做毫无把握的许诺。第四，要诚实，即自己答应别人能办到的事一定要去办，办不到的事情要讲清楚，以获取对方的理解。第五，要自信，相信自己能行，给人以信赖感和安全感。

总之，人际交往能力是现代高校学生应具备的重要素质，也是衡量一个人能否较好适应社会的关键指标。作为国家未来和希望的高校学生，要想在将来充满竞争的社会中求得一席之地，必须学会与人打交道，学会与人合作。

四、人际交往的心理效应

心理效应是社会生活当中较常见的心理现象和规律，是某种人物或事物的行为或作用引起其他人物或事物产生相应变化的因果反应或连锁反应。人际交往当中常见的心理效应包括以下七个。

（一）首因效应

首因即第一印象，首因效应指人初次对他人形成的印象往往最为深刻、鲜明、牢固，由此对以后的人际知觉及人际交往产生深刻影响。在人际交往中，首因效应往往带有片面性、表面性。首因效应对高校学生人际交往的影响较普遍。有些高校学生往往仅凭第一印象就轻易地对别人作出判断，这种先入为主的认知方式容易使人陷入人际交往的误区，是应当避免的。

虽然第一印象非常重要，但它并不是一成不变的。人际交往是一个长期的过程，也是一个动态变化的过程，随着时间的推移，人们也可能根据交往对象思想和行为的变化而改变最初的态度。例如，一位高校学生在刚刚担任学生干部时，工作积极、主动、热情，给老师和同学留下了良好的第一印象。一段时间后，随着工作新鲜感的消失，这位同学工作的积极性下降，对布置的工作经常拖沓、应付。刚开始，老师和同学还认为他是身体不适或心情不好，但时间一长，就可能觉得他有惰性，最初建立的良好的第一印象也会发生改变。所以，当我们已经给人留下了良好的第一印象时，切不可沾沾自喜、得意忘形；当我们由于某些原因一开始就遭到同学的误会，给人留下不好的印象时，也不可自暴自弃，要相信"精诚所至，金石为开""路遥知马力，日久见人心"，通过自己的良好表现，改变他人对自己的看法。当然，我们也应该用发展的眼光看待他人，不要因为对他人的第一印象不好就全面、彻底地否定他人。

（二）近因效应

近因即最后的印象。近因效应是指最后的印象对以后的认知具有强烈的影响。在高校学生的人际交往中，在注重第一印象的同时，也不可忽视最近印象。一般而言，在对陌生人的认知中，首因效应比较明显；而对熟识的人的认知中，近因效应则比较明显。

为了防止近因效应带来的人际认知偏差，需要把"近因"与"远因"放在一起进行综合分析，用动态、长远的眼光看待他人。

（三）晕轮效应

晕轮效应也叫光环效应，是指在人际交往中，人们常从对方所具有的某个特性而泛化到其他有关的一系列特性上，从已知特征推出未知特征，根据对方的局部信息形成一个对其完整的印象。在晕轮效应状态下，一个人的优点或缺点一旦被扩大，其他方面就会退隐其后，从而被忽视。受晕轮效应影响的高校学生在人际交往中容易以点带面、以偏概全，从而产生认知偏差，如"情人眼里出西施"。

（四）刻板效应

刻板效应也叫定势效应，是指存在于人脑中的固有观念、固定化认知影响着人们的认识和评价。在人际交往活动中，当我们认知他人时常常会从原有的想法出发，按照事物一定的外部联系进行认知和评价，于是就产生了刻板效应。刻板效应在某种条件下，有助于我们对他人进行概括的了解，但往往会产生偏见，甚至错觉，从而导致认知的偏差。例如，我们会用地理分区来划分所属地区人们的性格特点，为其贴上标签。人们会经常这样说，北方汉子豪爽，南方男人细腻；北方姑娘爽朗，南方女孩温婉。

（五）投射效应

自我投射是指内在心理的外在化，即以己度人，将自己的情感意志、特征投射到他人身上，强加于人，以为他人也应如此，结果往往对他人的情感、意向作出错误评价，歪曲他人愿望，造成交往障碍。

投射效应的表现也是各式各样的。例如，有个班级在节日里搞庆祝活动，其中安排半个小时请一位擅长摄影的同学作摄影讲座，该同学在讲座时用了许多术语、概念，但也未加说明，以为别人与他一样都很喜欢摄影。当他谈兴正浓时，一些同学离席而去，他认为这些离席的同学是故意伤他的面子、拆他的台，别人向他解释说因为听不懂，去干别的事，他依然耿耿于怀，这就是投射效应产生的后果。该同学认为自己懂的，别人也该懂一点儿，自己喜欢的，别人也就该喜欢，结果产生误解。其问题在于忽视了自己与交往对方的差别，认为他人跟自己一样，对对方进行自我同化，导致交往不顺。

投射效应的另一个表现是对自己喜欢的人越看越喜欢，对自己不喜欢的人越看越讨厌，因而表现为过分地赞扬和吹捧自己所喜爱者，过分地指责甚至中伤自己所厌恶者。投射效应使人认为自己所喜欢的对象是美好的，而认为自己所讨厌的对象是令人厌恶的，把自己的情感投射到对象身上，美化或丑化对方，失去了对交往对象评价的客观性。

此外，投射效应还表现为把自己的客观愿望投射于他人，也称愿望投射，认为他人也如自己所期望的那样，把希望当成现实。比如，一位女高校学生喜欢一位男同学，希望他也能喜欢自己，她把对方在舞场上请自己跳舞、平时与自己开玩笑等一些言行都看成是对方对自己有情意的表现，以为对方也喜欢自己，当她听说对方早已有女友时，非常烦恼，感觉对方是在玩弄自己，实际上她是把自身的愿望投射到了对方身上。愿望投射会使个体把自己的主观意向强加于他人，出现对他人认知的偏差，带来交往问题。

投射效应的影响就在于从自我出发认知他人，"你"和"我"不分，主观与客观不分，认知主体与认知对象不分。事实上，世界上没有完全相同的人，自己与他人的差异总是客观存在着。因此，认知应注意客观性，只有从他人的实际特点和具体情况出发去认知他人，才能促进交往的顺利进行。

（六）互酬效应

所谓互酬效应，指人与人在思想、情感、行为、利益等方面的礼尚往来。在人际交往中，互酬效应包含性格互酬、感情互酬、信息互酬、兴趣互酬等方面。互酬可以增强人际联系，促进人际和谐，是正确处理人际关系的要素。

在中华典籍里，崇尚互酬的文字和故事比比皆是。如《礼记•曲礼上》言："礼尚往来，往而不来，非礼也；来而不往，亦非礼也。"人际交往是一种双向性的信息、感情传导的过程，只有双向的互酬，人际关系才能在密切的互动中逐渐深化。

（七）期待效应

期待效应又称皮格马利翁效应，源自古希腊的一个神话故事。皮格马利翁是一位雕刻师，他用象牙精心雕刻了一位美丽的姑娘，倾注了他全部的心血和感情。上帝被感动了，便赋予了象牙美女生命，使其成了皮格马利翁梦寐以求的情侣。这就是人们所说的皮格马利翁效应。社会心理学家用这个效应说明只要热情期待和努力，就能达到所希望的效果。美国心理学家罗森塔尔（R. Rosenthal）曾进行过"期待效果"的实验。他们在一所小学 1 至 5 年级的小学生中随意抽取 20%左右的学生，告诉任课老师：心理测试表明，这些学生是全校学生中智商最高的。结果，这些学生的成绩果然有了很大的进步。这是由于老师加强了对这些学生的期待，在潜移默化中给予了他们良好的激励。期待效应在人际交往中往往有着积极的作用。

第二节　高校学生人际交往的
类型与意义

一、高校学生人际交往的类型

人际交往是高校学生生活的基本内容之一。根据高校学生人际交往的对象，其人际交往的类型可分为以下五种。

（一）师生关系

教师与学生是高校的两大基本群体。教师是学生人际交往的重要对象，师生关系是学生人际关系的重要内容。师生关系如何，直接影响到学生在学校的健康成长和学习，并在很大程度上决定了学校能不能对学生的身心施加符合社会要求的影响。教师既是知识的传播者，也是高校学生人格模仿的对象。教师对学生深刻的、久远的、广泛的影响不仅仅在于课堂上有限的知识传授，更多的是教师无形的且强有力的内在人格和精神。另外，师生之间心理距离小，心理相容度高，教师对学生充满关爱，学生对教师敬仰，师生关系是一种纯洁无私的人际关系。所谓"亲其师，信其道"便是这个道理。

（二）同学关系

同学关系是高校学生人际关系中的基本关系。但同学间的交往关系最普遍、最微妙，也最复杂。一方面，高校学生年龄相仿，兴趣爱好相近；另一方面，他们的生活习惯和个性气质有差异。再加上高校学生的自我空间相对狭小，对人际交往的期望较高，一旦这种期望得不到满足，就容易采取消极

171

退避的态度。

（三）亲子关系

亲子关系是一种特殊的社会关系。它是人们在生命过程中最早参与的人际关系，也是人一生中最为持久的人际关系。高校学生与父母的关系大多数比较协调，一方面，此时更多的父母开始采取平等的态度对待子女，尊重子女的独立性与自主性；另一方面，他们能够孝敬父母、理解父母，经常与父母进行沟通。但也有部分高校学生与父母的关系紧张。这种紧张关系的出现有多种原因，首先是由于高校学生正处于心理发育的过渡期，不能正确地看待和处理与长辈之间的"代沟"问题；其次是由于高校学生生活环境和阅历的变化，对父母认识也发生了改变；最后，有些家长依然习惯对子女事事包办代替，无形中剥夺了高校学生的独立性与自主性。因此，高校学生要特别注意加强与父母之间的沟通，应该对父母有更加全面、客观、合理的认识，力争使亲子关系随着自身的发展和成熟而更加和谐。

（四）网络交往的人际关系

网络拓展了人类交往的空间，网络交往已经成为一种重要的新型人际交往方式。一般来说，网络人际交往对高校学生来说具有双重效应：一方面是积极影响，有的高校学生通过网络结交了许多朋友，获取了很多有价值的信息，开拓了思路，使自己受益匪浅；另一方面是消极影响，有的高校学生患上了网络人际依赖症，他们将虚拟当作现实，过度热衷于网络交往，过分迷恋在网络上产生的友谊或爱情，并幻想用这些虚拟的人际关系取代现实的人际关系。他们与周围的人没有共同语言，缺乏社会沟通和人际交流，容易出现孤独不安、情绪低落、思维迟钝、自我评价降低等现象。

（五）社会交往的人际关系

就业压力日益增大的高校学生们要想在激烈的竞争中脱颖而出，找到理想的工作，较强的社会交往能力是必不可少的条件。加入学生社团、参加社会公益活动、勤工助学等积极健康的社会实践活动是扩大高校学生社会交往面的重要途径。通过各种社会实践活动，高校学生既可以增加对社会的了解，也可以扩大社会交往的范围，还能够提高自己独立谋生的本领。

二、高校学生人际交往的意义

人际关系对高校学生的成长和发展有重要意义，具体表现为以下四个方面。

（一）人际交往是维护高校学生身心健康的重要途径

人际交往可以为高校学生排除寂寞与孤独，促进心理健康发展，高校学生思想活跃、感情丰富，人际交往的需要强烈，他们希望通过交往获得友谊，满足物质与精神的需要。一般来说，具有良好人际关系的高校学生大多精神愉快、情绪饱满，能正确认识、对待各种现实问题，快速化解学习、生活中的各种矛盾，形成积极、乐观、向上的优秀品质，迅速适应高校生活。相反，如果缺乏积极的人际交往关系，往往不能正确对待自己和他人，容易形成精神上、心理上的巨大压力，难以化解心理矛盾，严重的还可能导致病态心理。

（二）人际交往可以使高校学生正确认识自我

人们可以从他人对自己的反应、态度和评价中发现自己的长处和不足，找到自己恰当的社会位置。离开人际交往，就很难全面、准确认识自己。

（三）人际交往可以使高校学生开阔视野

现代社会是信息社会，信息量之大，信息价值之高，是前所未有的。人际交往是交流信息、获取知识的重要途径。高校学生通过交往，可以增长知识、开阔视野、活跃思维、启迪思想。由此可见，人际交往实际上就是一种获得和交流知识信息的社会活动。在当今信息化的社会里，个体若不愿意与他人交往，必然在自己与社会之间筑起一道道屏障，从而孤陋寡闻。事实上，人际交往是实现人际沟通的基本条件。人际交往可以使人打破自己的认知盲区，拓宽自己的知识视野，使信息真正成为当今社会经济发展的主导力量，而信息沟通又必然成为个人成功道路上的助推剂。

（四）人际交往可以使高校学生学会团结协作

当今社会已经进入一个在合作基础上竞争，在竞争基础上加强合作的新时代。为了更好地适应这种潮流，高校学生必须在自己读书时期培养团结协作的能力。在交往过程中，一个人的能力、才华、品格等得以充分表现，从而得到社会承认、人们肯定，个体也在交往中获得尊重、友谊和自信。因此，人际交往是个体在社会中实现自我的重要条件。

第三节　高校学生人际交往中的
心理问题及调适

一、高校学生人际交往中常见的心理问题

处于青年时期的高校学生，思想活跃，精力充沛，兴趣广泛，人际交往的需要极为强烈。他们力图通过人际交往去认识世界，获得友谊，满足自己物质上和精神上的各种需要。一般来说，高校学生在人际交往中容易出现以下问题。

（一）自卑心理

自卑是个体由于某种生理和心理上的缺陷或其他原因而引起的轻视自我的情感体验。退缩和过分地争强好胜是自卑心理最明显的两种表现。这两种表现都会妨碍一个人积极而恰如其分地与人交往，尤其是过分退缩、畏怯。

自卑的人容易消极地、过低地评价自己，总觉得自己在容貌、身材、知识、能力、口才甚至衣着等方面不如别人，低人一等，害怕与人交往。过分地争强好胜也是一种自卑心理，这样的人害怕别人在交往中发现自己的短处，所以试图先利用自己在某一方面的优势打压别人。自卑感一旦形成，便具有很强的感染性和扩散力，很容易泛化，会给高校学生之间的交往带来不利影响。

克服自卑首先要正确认识自己，客观、全面、辩证地看待自己与别人的差异，不能总是用自己的短处和别人的长处相比。同时，对自己在某些具体事情上的失败做恰当的外归因，不能以全部归为自己内在的缺陷。其次，尽可能发挥自己的长处。在社会生活中，我们不仅要努力弥补自己的短处，还要发挥自己的长处。最后，要多进行自我鼓励，积极与人交往，积极参加各种活动，扩展自己的活动范围，多关注自己在活动和交往中细小的进步，鼓励自己。

（二）嫉妒心理

嫉妒是个体在人际交往中与他人比较，发现自己在能力、荣誉、地位与境遇等方面不如别人而产生的一种不悦、失落、不服、仇恨、害怕、愤怒，甚至带有破坏性的复杂情绪状态。嫉妒主要表现为对别人的成绩和优势不服气；看到别人失败而幸灾乐祸；当自己无法取得心理平衡时，就会怨天尤人。嫉妒主要针对的是和自己差不多的人，高校学生中的嫉妒现象比较常见，但一般都比较隐蔽，不那么明显。如果嫉妒心过于强烈，自己不仅会感到非常痛苦，甚至还会出现攻击性言语和侵犯行为。

嫉妒者由于把别人的优势或成就视作对自己的威胁，怕别人的优势彰显出自己的无能，从而感到恐惧和愤怒。他们并不是通过自己的努力去弥补已经存在的差距，而是借助贬低、诽谤、中伤等手段攻击对方，拉对方后腿，以求心理上的满足，认为这样就可以缩短自己与对方的差距。

消除嫉妒心理首先应该做到改变认知模式，正确面对失利。要认识到：别人有别人的长处，自己也有自己的优点。社会生存必然要面临不断地与他人比较的状况，高校学生应当不断拼搏，用实际成绩来证明自己，而不是自怨自艾。其次，培养豁达的人生态度。看到同学的优点和长处要真诚地赞赏并向他们学习，明白这些优秀的同学不仅是自己的对手，还是促使自己不断向前的动力。最后，不断充实自己。培根说过，埋头沉入自己事业的人，是不会有精力去嫉妒别人的。

（三）猜疑心理

猜疑是指没有事实依据而凭主观想象进行判断推测，总怀疑他人、挑剔他人的一种不良心理。猜疑心过重的高校学生在人际关系中常表现为敏感多疑、小心谨慎、戒备心强。个体猜疑心理产生的原因主要是其在成长过程中缺乏安全感，缺乏对人的基本信任。猜疑者给人的感觉是心胸狭窄、气度狭小，过分注意自己的得失，他们希望别人相信自己，又怀疑别人看不起自己、不相信自己。猜疑者自身也常常体验到在这种心理状态下很难进行正常的人际交往，既影响个人潜能的发挥，又影响朋友关系的建立和发展。

猜疑心理的克服首先要完善自己的性格，这需要深刻分析自己性格的形成过程，重建对人的基本信任感。其次，要学会及时沟通，消除误会。被人误会或是发生误解是难免的，关键是我们要学会消除误会，最好是创造机会深入交换意见，即便不能解决问题，至少也要明了双方真实的想法。最后，要学会自我安慰，自我开解。如果被人非议或误解的事不是什么大事，或者无从解释，那就做好自己的事，走好自己的路，不用过多担心别人的看法。

（四）害羞心理

害羞又称社会焦虑，是指羞于同别人交往的一种心理反应，表现为腼腆、胆怯、拘谨、脸色绯红、说话声音又低又小，有时动作还颤抖不自然。害羞是人际交往中普遍存在的心理现象，一个人如果过度害羞，在人际交往活动中就会过分约束自己的言行，无法充分表达自己的意愿和情感，从而妨碍良好人际关系的形成。

害羞的原因大致有三种：一是气质的因素，过于内向或抑郁的人，特别不擅长在大庭广众下表现自己；二是认知偏差的因素，过分关注自我，关注自己的举手投足，患得患失，易受他人支配，羞于与人交往，缺乏交往的主动性；三是有创伤性经历，由于个体在生活、学业中有遭受挫折和失败的经历，变得小心谨慎，消极被动地接受周围的一切。害羞的根源是缺乏自信，特别在意别人会怎么看自己，担心自己说错话、做错事，害怕给别人留下不好的印象，干脆不说话、不交往，这样就慢慢形成了恶性循环。

克服交往中的害羞心理，首先，要增强自信心，没有人是天生害羞的，想想自己在家里或和好朋友在一起时，我们是有能力自如交往的。其次，不必过多在意别人的评价。被人议论或评价是正常的事，我们越是在意就越容易害羞，甚至害怕，反倒是豁出去的状态会让人表现正常。最后，要加强自我训练。例如，紧张时给自己恰当的暗示，有意识地模仿那些善于交际的朋友，从熟悉的环境开始锻炼，逐步扩大交流情境，慢慢地必然能克服害羞心理。

二、高校学生人际交往心理问题的调适

对于高校学生在人际交往过程中产生的一些异常心理问题的调适，最好的方法是明确人际交往的原则、学习人际交往的技巧。高校学生可以将这些内容，当作进行人际社交的准绳和参考，进而逐步生成自己的交际理念，为其更好地融入集体提供有力保障。人际交往原则和交往技巧的具体内容如下。

（一）把握好高校学生人际交往的原则

1.平等互爱

所谓平等，是指交往双方在交往过程中要平等待人，凡事做到一视同仁，不能因为相互之间的家庭、经历、经济、能力等方面的差异而对人另眼相看，也不能因为自己各方面的条件比对方优越而看不起别人。互爱则是指交往双方要互相友爱，共同努力，共同维护友谊。

有研究表明，人都有受人尊重的需要，都希望别人能够承认自己的价值，希望别人能够接纳自己，喜欢自己。人际交往是建立在相互尊重的平等基础上的。因此，就高校学生而言，无论交往对象的各方面条件如何，是好是坏，是优是劣，在交往过程中都要做到平等待人、自尊自爱，像尊重自己一样地尊重他人。同时，人际交往中的厌恶与喜欢、疏远与亲密是相互的，对于真心喜欢我们的人，我们在心理上也会对对方产生好感和接纳的倾向，愿意与其交往并建立良好的人际关系。

2.真诚互信

真诚是指在交往过程中，待人接物、与人相处、说话办事等都要有心诚意善的动机和态度。互信则是指在交往过程中人与人之间要互相信赖、讲信用，做到"言必信，行必果"。真诚互信原则通常被认为是人际交往中最有价值、最重要的原则，对人以诚相待，以信取人，不仅是做人的美德，还是人际交往得以延续和深化的保证。

在交往中，只有心怀诚意，才能感动别人，才会得到对方的真心、尊敬和信任。只有真诚待人，才能在交往中获得友情。在现实生活中，人们都喜欢和诚实正派的人打交道，而普遍厌恶口是心非、阳奉阴违的人。社会经验证明，真诚互信是为人交友的根本，真诚才能使人放心，才能赢得他人的信赖。我们要在赢得他人信赖的同时，也要相信对方的人品和能力，遵守彼此之间的约定，勇于承担属于自己的责任。

3.互助互利

互助互利原则是指双方在交往的过程中互相帮助，在满足对方需求的同时，又得到对方的回报，这是使交往实现双赢的条件。人的一切行为都是为了寻求某种需要而进行的，也许是物质上的需要，也许是精神上的需要，或是物质和精神结合的需要，无论是哪一种，当各自的需要与对方所具备的条件刚好成互补时，双方就会产生强烈的吸引力。通过交往，建立和发展人际关系，既可以把自己的优势展示给别人，又可以从别人那里获得自身所缺少的东西。如果其中一方只索取不给予，交往就不会再继续。互利性越高，交往双方的关系就越稳固；互利性越低，交往双方的关系就越疏远。

互助互利在人际交往中起着重要作用。每个人都有帮助他人之心，帮助他人的人会从对方的感激中获得很大的安慰与快乐。正因为如此，对于交往双方来说，不能只想着自己如何给予对方帮助，也要考虑如何给对方机会让他为你提供帮助。有意求助他人是一种主动与人交往的策略和技巧，求助他人本身表达了你对他的知识、能力、品性的肯定。对方在帮助你的同时，也能感受助人的快乐。只有在互助互利的情况下，双方的关系才会更加密切。

4.理解宽容

人们常说"金玉易得，知己难求"。也就是说，能理解和关心自己的人是很难找寻的。如果要找到自己的知己或成为他人的知己，关键是要在交往中做到理解和宽容。由前文可知，理解不是简单地知道和了解，而是在知道和了解的基础上，细心感受他人的处境、心情、需求等，要根据彼此的情况，调整和约束自己的行为，尽量给他人关心、方便，多为对方着想。宽容，就是心胸要宽广，对人要豁达，不计前嫌，能容忍对方的缺点。在交往中，由于每个人的个性、习惯、兴趣、爱好各不相同，因误会、不理解而产生矛盾是不可避免的，这就要求高校学生在人际交往中要学会宽以待人，要尽量团结与自己不同意见的人，营造友好的交往氛围。

（二）掌握好高校学生人际交往的技巧

人际交往是一门科学，需要掌握一定的规律和方法。人际交往也是一门艺术，掌握得当，有助于改善人际关系，增加自身的吸引力。交往的技巧多种多样，这里介绍主要的几种。

1.留下良好的第一印象

第一印象的好坏直接决定双方交往的发展方向，并对以后的交往造成一种心理定式。初次见面，有的人会给人一种相见恨晚的好感，有的人却使人感到不快，甚至厌恶。虽然第一印象不一定完全正确，但良好的第一印象往往会使交往有一个良好的开端。那么，如何才能给别人留下良好的第一印象呢？首先，要注意自己的外在形象，即仪表，包括人的外貌、穿着、体态、风度等因素。仪表美的人容易受欢迎，因而在交往中要注意自己衣着得体，干净利落，不可不修边幅，蓬头垢面。其次，要提高自身的修养。自身修养包括道德品格、学识教养、处世态度等。饱满的精神状态、诚恳的待人态度、适当的行为举止、高雅的言辞谈吐等都会给对方留下良好的第一印象。

2.要学会运用语言

正确使用语言，可以达到传情达意的目的；不正确地使用语言，就会导致"恶语伤人"的结果。巧用语言，往往可以得到化忧为喜、化敌为友的效果。

语言包括：口语、书面语、动作语。口语是音义结合的，每个词汇有其语音形式，一个词的发音由一个或多个音节组合而成；书面语是字义结合的，每个词汇有其文字形式，一个词由一个或多个字组合而成；动作语是形义结合的，每个动作有其形象，一个动作语由一个或多个动作组合而成。下面主要介绍口语与动作语的使用。

（1）口语的使用

交往中正确地使用口语，主要是根据不同的场合、不同的交往对象，选取最恰当的交往用语。比如称呼语，一般来说，这是人们在交往时说出的第一个词，怎样称呼对方、称呼是否正确，往往会影响交往是否会继续。称呼一定要根据对方的身份、年龄、职业等具体情况而定。如对长辈应尊称"您"，以示尊敬；对同辈或下属可用"小张""小李"称呼，以表亲切等。在交往中，语言要朴实，通俗易懂，不可咬文嚼字，故弄玄虚，更不可满口污言秽语或漫无边际地高谈阔论，甚至冷嘲热讽、出口伤人。要注意避讳语的使用，对一些不应说的话，不要说出来伤害对方，如令对方不愉快的事或对方的生理缺陷等，在交谈中都应注意避讳。

（2）动作语的使用

有时候，动作语比口语更能传情达意。以下举例说明。①表情，个体在人际交往中，特别是在情感交流时，表情的作用非常重要。一个人的五官都在表达着喜怒哀乐，如紧皱的眉头代表着不喜欢、不愿意，舒展的眉头代表着心情愉快等。在交往中，最常用的面部表情是笑容，真诚的、发自内心的微笑，会给对方留下美好而深刻的印象，给人以温暖的感觉。②眼神，眼睛是人们"心灵的窗户"，通过眼睛可以读懂一个人的内心世界。眼神主要用来表示对交往对象的友好、重视、关心和注意。我们在与他人进行交谈时，眼睛应注视着对方，视线不能在对方身上不断移动或游离于交谈对象之外，这是一种很不礼貌的表现，别人会认为你不想听他讲话，轻视他的存在。③手势，手势往往是人们在交往中使用最多的动作。如不愿意、不喜欢时会摆手，夸奖他人时会竖起大拇指，生气时会紧握拳头等。手势在交往中如果运用得当，会强化信息的清晰度和效果，也可表达自己内心的情感。比如，在描述一样物品时，用手势会让对方更快地了解到物品的形状、大小；在车站、码头送别朋友时，当车船渐行渐远时，朋友已经听不到你的话语，但不断挥动手臂能表达你依依不舍的心情；当看到远方而来的朋友时，远远就向朋友张开双臂，表示你欢迎朋友的到来。④姿势，姿势在人际交往中反映着人的思维活动，良好的姿势是举止得体的表现。姿势分为站姿和坐姿，人们一般认为站要有站相，坐要有坐相。站立时要如松柏一样挺拔，切不可左右摆动，或一有可以倚靠的东西就靠过去；坐着时不能歪歪扭扭地坐在椅子上，或倒在沙发上，跷起二郎腿，这样会给人很懒散的印象，让人反感。良好的姿势能帮助你获得交际的成功，并能给人留下彬彬有礼的美好印象。

3.要学会赞扬和批评

赞扬能调动人的积极性。对别人发自内心的称赞，可以让别人心情舒畅，营造良好的交往气氛。此外，赞扬的关键在于真诚、准确、具体和实在，要恰到好处，过度的赞扬会让人反感。

与赞扬相对的是批评。一般情况下，应多赞扬，少批评。批评是负性刺激，只有在用意善良、符合事实、方法得当时，才有可能产生积极的效果，才能促进对方的进步。批评时应注意场合，注意措辞和态度，应对事不对人，不能将一个人全盘否定。批评的最后应给对方提出中肯的意见，以便其改正。

4.要懂得把握交往的时间和空间

（1）把握交往的时间

时间对于每个人来说都是十分宝贵的，因而把握交往时间的第一个要求就是守时。迟到是很不礼貌的行为，这也说明一个人缺乏严谨的作风。第二个要求是尊重他人的私人时间。在巨大的学习、工作压力下，人们希望有自己的时间来休息、放松。如果你想在对方的私人时间打扰对方，必须先征得对方的同意或事先约定，不然贸然登门拜访会令人反感。

（2）把握交往的空间

每个人都希望自己拥有一个不受侵犯的私人空间。在这个私人空间内，人是最舒适的，也是最安心的。当私人空间被他人侵犯时，人会本能地做出某种行为予以防御。比如，在一个自习室里，有两个不相识的人在学习。当这两人相距一定距离时，他们相安无事。如果其中有一个人坐到另一个人旁边，另一个人就会觉得不自在而离开，因为他认为自己的空间被侵犯了。

第九章 高校学生心理危机
干预实践案例

第一节 新生适应不良的
心理危机干预

一、当事人信息

黄某，女，18岁，来自江苏，父亲为领导干部，母亲为老师，家境富裕。平时喜欢独来独往，寡言内向，与室友关系一般。没有朋友，只与以前高中同学交往比较密切。

二、心理危机发生的过程

新生开学不到一个月，辅导员在与班级临时负责人的沟通中，了解到黄某性格内向，喜欢独来独往，与寝室其他同学关系不融洽。后经深入了解，得知黄某自上大学以来，对学校很不满意，尤其是住宿环境。其本人从初中到高中的集体生活经验很少，对自己要求比较高，家长也对其有较高期望。开学时，父母开车陪同过来，并在学校周边住了几天。黄某刚开始与室友关系还可以，随后交往不下去，感到与同学交往有困难。她认为自己没有朋友可以倾诉，感觉同学都以异样的眼光看她，觉得孤独、郁闷。随着与室友的关系越发冷漠、紧张，情绪也越发低落，甚至有轻生的念头。

国庆节假期返校途中，黄某扭伤了脚踝，母亲来校陪同照顾。辅导员去看望，并与家长沟通，说明黄某在校的情况以及调整心情的方法。同时，班委及同寝室同学积极与黄某交流，使其低落的心情能不断好转。

三、心理危机的处理过程

辅导员在得知黄某情况后，第一时间汇报给分管学生工作的副书记，按照领导意见准备上报到学校心理中心，并与家长及时进行沟通，建立良好的咨访关系，进行问题的探索。

从关系的确立上看，本案例的当事人黄某由于对新环境的不适应而表现出一种低落情绪，高考失利的阴影一直笼罩着她。此外，她缺乏集体生活经验，不利于其对新环境的适应。为了缓解她的低落情绪，校方采取近期目标和长远目标相结合的方式，并借助同学的力量，在帮其创造出和谐的外围环境后，帮助其改善与同学之间的关系，使黄某对周围人的态度从刚开始的敌对转变为去认识和发掘别人的优点，这为她改变错误认识奠定了一个良好的基础。

黄某在入学之后的适应不良主要有三个方面的原因：第一，从自身原因分析来说，黄某由于高考不甚理想来到所在学校，却发现实际情况与其想象的大相径庭，加之陌生的环境和无集体生活经验使其较难融入同学，同学对于她也有所排斥。对此，她找不到解决办法，也无法倾诉，更多选择回避和退缩。可见，其低落情绪是由于自身对新环境的适应不良引起的。第二，从社会原因来看，其家庭环境富裕，父母对其疼爱有加，但未对其大学集体生活、人际关系处理加以指导。大学新生性格有所差异，来自不同地区，容易产生交往障碍，一旦得到老师和同学的关爱不够，常常会采取回避的态度，不能积极解决问题。

基于以上分析，校方积极改善黄某的低落情绪，指导黄某改善当前的学习和生活现状，同时寻求同学的支持和帮助，改善其现有人际关系，完善黄某的个性，增强其社会适应能力，以促进她的心理健康发展。

四、心理危机干预的效果

经过一段时间的指导，黄某学会了正确调节自我不良情绪，合理解压，并积极寻求解决问题的办法。同时，校方鼓励其重新制定人生目标和理想，从高考失败的阴影中走出来，科学进行学习生涯规划，快乐地度过大学时光。

后经室友及同学反映，黄某与同学相处融洽，已主动参加班级集体活动，个人状态较好，其利用自身的英语优势，主动参加英语类相关活动，同学对其印象也改观不少。后黄某获得学习奖学金，她本人也表示在遇到心理问题时，会积极主动找老师沟通，寻求帮助。

五、心理危机干预的经验

从结果看，这一案例的处理还是比较成功的。在回访和追踪中，老师和同学都反映黄某变得开朗和容易相处了，也能主动参加班级活动，走出了一条属于自己的道路。笔者从以上整个危机干预过程中总结出以下三点经验。

第一，严格遵守保密原则。保密原则是心理咨询中最为重要的原则，它要求心理咨询是要尊重和尽可能地保护来访者的隐私。辅导员在发现黄某的异常后，第一时间汇报给分管领导，听从领导安排。在了解情况的过程中，为她保守秘密，没有为黄某随意贴上"心理有问题"标签。

第二，区分心理咨询与思想政治教育的关系。心理咨询是指经过严格培训的心理咨询师运用心理学的理论与技术，通过良好的咨访关系，帮助来访者依靠自我探索来解决其心理问题，增进心身健康，提升适应能力，促进个人成长与发展，以及潜能的发挥。思想政治教育是社会或社会群体用一定的思想观念、政治观点、道德规范，对其成员施加有目的、有计划、有组织的影响，使他们形成符合一定社会所要求的思想品德的社会实践活动。从心理咨询与思想政治教育含义可以看出两者之间的巨大差别，辅导员与心理咨询师所起的作用也千差万别。

第三，激发学生的潜能。心理咨询是对来访者的帮助过程，促进来访者成长，自强自立，使之能够自己面对和处理个人生活中的各种问题。当代高校学生应对突发情况和适应新环境的能力还比较弱，而在遇到问题时，心理咨询师应发现来访者自身积极的因素，使她看到自身的潜能，从而调动和激发来访者自我解决问题的信心和动力。心理咨询有一个重要原则就是助人自助，鼓励当事人对当前的人际关系进行更全面的思考、更理性的分析，使其相信自己能够处理现在的困境。

第二节 暴食行为者的
心理危机干预

近年来，我国青少年进食障碍的发病率呈现上升趋势，高校学生暴食现象也很常见，严重者甚至会发展为神经性贪食症。认知行为治疗法被认为是治疗神经性贪食症最有效的方法，并且个体治疗的疗效要稍优于集体治疗。

一、当事人信息

杨某，女，汉族，19 岁，某校大一新生。出生于城市知识分子家庭，家庭关系和睦，经济状况良好。到上海上大学后在学习、生活等方面有诸多不适应。经询问，父母均无人格障碍和其他神经症性障碍，家族无精神疾病史。

二、心理危机发生的过程

杨某主诉暴食两月余，间歇性地无限量地进食。其在咨询前一晚晚饭时吃了许多食物，之后刺激咽部引起呕吐，感到肠胃不适，头晕，伴随自责、担心、恐慌。

杨某自述上高中时学习成绩较好，父母对其要求和期望都很高，生活琐事都由父母料理。结果高考成绩一般，未能进入理想中的大学，由父母做主填报志愿进入该校。入校后，在陌生的城市开始独立生活，不会料理日常事务，经常感到疲惫，不适应，想家。没有能够交心的朋友，周围许多同学都说上海话，自己听不懂，感到很孤独。不喜欢现在的专业，上课经常走神，学习效率不高，也无心参加班里组织的活动。常感失落、苦恼、自卑。一次路过学校超市，突然一股冲动进去买了很多零食，全吃下后感到很轻松，之后经常一个人悄悄外出买食物，然后找个没人的地方吃，不敢在同学面前大吃大喝。每次会吃很多，似乎生活中唯一的快乐就是让胃里充满食物。每隔一段时间就要暴食一次，几个星期下来，体重迅速增长，有同学叫其"胖妹"，别人越笑话，杨某就越需要发泄，越要吃，心里也越来越难受、自责，越来越需要食物的安慰。会自引呕吐或节食来控制体重，偶尔会节食一天，但之后暴食会更厉害。暴食周期也逐渐缩短，从不定期到每周两三次，来咨询时几乎每天就要暴食一次，每次都是要吃到胃撑得难受，可就是停不下来，甚至头昏脑涨，精神恍惚，肠胃不适，吃完只能在床上躺着。也想好好学习，但是学不进去。胃镜检查提示浅表性胃炎。

杨某通过咨询医生及在网上和许多暴食症的患者交流，意识到自己是心理问题造成的暴食，希望能通过学校心理咨询及自己的努力改善暴食行为。

三、心理危机的处理过程

（一）评估与诊断

1.评估

抑郁自评量表粗分 52 分，标准分为 65 分，提示有中度抑郁；焦虑自评量表粗分 49 分，标准分 61 分，提示有中度焦虑。

2.诊断

以暴食为主要临床指征的严重心理问题，常伴有抑郁、焦虑情绪。当事人具有自知力，精神活动与行为具有一致性，人格稳定，可排除重性精神病；当事人存在一种持续的、难以控制的进食和渴求食物的观念，并且短时间内摄入大量食物；采用过自我诱发呕吐、间歇禁食等方法以消除食物引起机体发胖的作用；存在异乎寻常的害怕发胖的观念；发作性暴食已达到每周 3～4 次，持续两月余；曾到医院就诊，排除神经系统器质性病变所致的暴食，暴食也不是其他精神障碍的继发症状。时程尚未达到 3 个月，未达到神经性贪食的诊断标准。这种存在异常进食行为，但未完全达到进食障碍诊断标准的状态，被称为进食障碍的亚临床状态。

考虑到引起当事人不良情绪和行为反应的刺激事件，不再仅仅集中在最初刺激事件上（进入大学后不适应独立生活），很多与最初刺激事件有关联的事件也能引起当事人的不良反应，如听到旁人提到妈妈就想哭，对课程学习感到担忧，以及对未来充满忧虑；当事人不能自行摆脱自己的痛苦，其学习、人际交往等社会功能受到一定程度的影响，求治愿望迫切。判断为严重心理问题。

当事人的临床症状正处于发展之中，在心理咨询中，咨询师谨慎密切观察此症状的发展变化，若不能及时调整则将随时转诊。

（二）成因分析

1. 成长经历

入校前家长管教严厉，对学习要求严格，生活琐事都由父母照料。未曾单独离开家自己生活。

2. 生活事件

初入大学不适应，偶尔因暴食行为体会到满足和宣泄，暴食行为由此被强化和固定下来。

3. 环境因素

当前社会文化观念认为女性身材苗条才是美，只有瘦才符合现代审美标准；周围女生普遍采取各种方式减轻体重。

4. 心理因素

①歪曲的认知。自己的体型与"理想瘦"有一定差距，产生负面身体意象，并出现身体意象失调，认为自己各方面能力差，将来没有前途等。②情绪方面的原因。自己不能解决焦虑和情绪低落的问题，不良情绪和认知相互作用加重问题。③完美主义倾向。自我评价低，缺乏自信，人际关系敏感，过分关注别人对自己的看法。

5. 行为因素

暴食后自引呕吐，甚至节食1至2天。

综合当事人临床表现和相关资料可以看出，当事人入校后各方面的不适应导致情绪低落，偶尔的暴食行为使心情得到缓解，缓解消极情绪的暴食行为同追求完美、害怕长胖及不能自制的自责、自我的否定形成了新的内心冲突和焦虑，并且相互强化，恶性循环。

（三）咨询目标及干预计划

近期目标：帮助当事人认识自己对学习、人际交往及体形的不合理认知，建立合理的认知观念，降低抑郁和焦虑程度；形成一种规律的进食模式；对发生暴食和自引呕吐行为的高危情境发展出更积极的应对技能；使身体状况恢复正常。

远期目标：当事人能掌握基本的认知行为治疗技术，成为自己的治疗师，自我调节；树立正确的审美观念、生活目标，形成正确的自我认知，学习接纳自己、欣赏自己、爱护自己，不断发掘自身优点，增强自信心，建立健全的人格，保持良好的身心状态。

本例个案咨询为高校内部免费咨询，一共 8 次，每周 1 次，每次 50 分钟左右。在学校心理咨询室完成。

（四）咨询过程

1.初期阶段

第 1～2 次咨询：搜集资料、制定目标、引入认知行为治疗。

通过谈话收集当事人资料，探询当事人心理困扰的状况及改变意愿，建立良好咨访关系；进行测验评估当前心理状态；分析谈话获得的资料及测验结果；与当事人一起分析其心理问题的性质及产生的原因，帮助她明白目前焦虑、抑郁的情绪虽然是由暴食行为引起的，但根源在于自己的认知。

咨询师向当事人介绍认知行为治疗原理、过程及对心理问题的良好效果，引导当事人接受认知行为治疗。咨询师与当事人讨论协商后共同制定目标，请当事人将咨询目标写在纸上，放在自己经常能看到的地方，起到提醒和督促的作用。布置会谈作业，要求当事人进行决策练习，由当事人权衡做出改变和维持现状的利与弊。

第二次咨询时，要求当事人每天在进食前、中、后自我监测进食情况、思维和情感并记录。指导当事人完成总体焦虑水平及干扰程度量表、总体抑郁水平及干扰程度量表，并绘制进展记录图。

2.中期阶段

第3~7次咨询：针对暴食行为进行干预。

咨询师与当事人共同探讨当前进食问题，让其逐渐认识到自己现有问题的危害性。探询其关于进食、体形、体重等所持有的观念，引导当事人客观、正确地评价自己，积极接纳自己。指导当事人从情绪的三成分（思维、感受及行为）这一角度来观察情绪体验，进行监测，并对情绪驱动行为进行分析。

聚焦当下练习。咨询师让当事人习惯注意自己内部和周围正在发生的事情，观察自己的思维、身体感觉或感受，以及行为。学习接受自己的思维和感觉的本来面目，不要有批判性的评价或试图去改变，或去避免内部的体验识别和收集功能失调性自动思维。使用当事人自身的例子来讲解自动思维，在和当事人讨论具体问题的情况下，引出与该问题相联系的自动思维。如当事人在实验室里做实验，不知道该怎么操作，想找同学问，但是感觉同学都在完成自己的操作，不会理她，于是就想："做什么事都要靠自己，没有朋友会帮我。"这个想法就是自动思维，是个体头脑涌现出来的想法，其并没有刻意地去思考它，但是常会对它信以为真，从而产生烦躁、苦闷等情绪。

检验和矫正功能失调性自动思维。向当事人讲述常见的思维陷阱，与当事人一起对照"功能失调性自动思维记录表"，再逐一进行讨论，让当事人找出与自己自动想法相符的功能失调的自动思维。例如，"我再这么暴食下去，什么都做不了，高校生活就毁了，找不到工作，没前途，我无能为力。""如果我不能完成这些操作，我就是个失败者。""我又开始暴食，之前节食行为没有任何意义了。""我的同学在操作时不想被我打扰，不会愿意给我讲解的。""我是个失败者。""我感到自己很没用。"经过自动思维的识别和矫正，逐步进入探索、揭示当事人负性核心信念。

具体话术如下。

咨询师：之前我们探讨了你的自动思维，当你不能完成实验操作时，你认为没人能帮自己，只能靠自己，是吗？

当事人：是的。

咨询师：当你不能完成实验操作时，你头脑中在想什么？

当事人：我什么都做不好。

咨询师：如果这是真的，你就是什么事都做不好，你也做不好实验操作这件事，这对你意味着什么？

当事人：我很没用，很无能，什么都做不好。

咨询师：多大程度上你相信自己无能？

当事人：90%到100%吧。

咨询师：你无能的程度如何？只有一点点还是很多？

当事人：至少有80%。

咨询师：在每个方面都是吗？

当事人：是的。

咨询师：有哪些方面呢？

当事人：我不知道怎么跟同学交往，入校后交不到知心朋友。日常生活不知怎么管理，钱啊，衣服啊，以前都是妈妈替我安排，现在我什么都不会，一点儿自控力都没有，学也学不会。

咨询师：有哪些方面可以证明你是有能力的吗？

当事人：好像没有。

咨询师：你认为自己在所有事情上都没有能力？

当事人：是的。

咨询师：好的，我们回到前面的场景，当你不能完成练习时，你是相信没人能帮自己只能靠自己呢，还是更相信自己没有能力呢？

当事人：自己没能力。同学们都在完成自己的操作，未必知道我不会，我是恨自己怎么都学不会。

通过会谈揭示当事人的核心信念"我无能"，进一步进行认知重建。学习针对自己的消极信念提出积极的想法，如从"我是个失败者"转变为"只要努力，我就可能会成功"。咨询师经常肯定当事人在家庭作业上的努力和进步，鼓励当事人进行积极的自我对话，坚持每天回顾并发现自身优点，如善良、宽容、真诚等。

发展替代行为。和当事人共同找出 5 种生活中可能代替暴食的行为，引导其将注意力外投。从现实角度出发，以准备计算机等级考试和期中考试作为学业目标。人际关系上，改变交友方面的不合理信念，向身边关心自己的人求助。同时，鼓励当事人多参加集体活动。当事人原本爱好书法，咨询师鼓励其重拾兴趣，发现生活中美好的和自己能控制的方面，树立信心。

放松训练。根据当事人出现的身体紧张、心跳加快、呼吸急促等问题，选择深呼吸放松法，通过当事人的日常练习，逐渐学会在焦虑增加时灵活自如地使用深呼吸放松法。深呼吸放松法作为一种放松训练，同时也是一种很好的注意力分散方法，它要求当事人将注意力完全集中于呼吸，即将注意力从焦虑刺激上转移开，注意力不再过分集中在想进食上面。

3.后期阶段

第 8 次咨询：预防复发和随访。

咨询师与当事人共同回顾了前面所讲过的知识内容，以及当事人的改变历程，并针对咨询目标和当事人的现状进行咨询效果评估。当事人的精神面貌有很大改善，表情轻松愉悦，焦虑和抑郁水平明显降低；体重有所下降，两周来均无暴食行为。

目前实施有效的控制暴食的方法有：①转移注意力，有吃零食冲动时，自己为了转移注意力将寝室收拾干净，对自己的能力有了信心；②自己约束自己，说服自己，经常看看决策工作表；③多和同学一起，和大家一起去食堂吃饭、聊天，感到开心；④晚上早点刷牙，之后不再进食；⑤在学习上多花一些时间，积极面对考试；⑤晚上会练一会儿书法，准备报名参加学校的书法比赛；⑦晚上有计划地看书，觉得看书也是一种享受，能让自己感到轻松、愉快。

四、心理危机干预的效果

经过一段时间的调整，当事人已能较好控制饮食，情绪明显改善，父母也给予积极的帮助和支持，目前能够安心学习，状态较前明显好转。学校即将放假，当事人提出暂时终止咨询。咨询师对当事人已出现的好转给予充分肯定，让当事人认识到自身是有能力对抗暴食行为的，强化当事人的自我效能感。同时向当事人阐明，消除暴食行为是一个长期的过程，中间可能会有反复，需要坚持下去，要对此做好心理准备。并且和当事人共同讨论预防复发的具体措施。一般来说，应激情况容易导致病情复发。告诉当事人妥善处理应激情况，同时继续使用认知行为治疗技术。咨询结束后，将间隔一定时间进行随访。

咨询中，对当事人焦虑和抑郁水平的前后测试分数显示其焦虑和抑郁指数显著降低。总体焦虑、抑郁水平及干扰程度均从 11 分降至 4 分。复测抑郁自评量表，测试结果为粗分 28，标准分 35 分，提示正常；焦虑自评量表测试结果为粗分 32，标准分 40 分，提示正常。

当事人 1 个月后主动与咨询师联系，告诉咨询师自己身体状况良好，对体形以及进食和体重的关系有了合理的理解。饮食基本正常，体重从干预前的 130 斤，保持在目前的 115 斤左右。能够认真学习，近期的考试都能通过，和舍友关系融洽，每晚和舍友一起到操场跑步，心理乐观、积极。自引呕吐行为未再出现，暴食行为出现的次数明显下降。出现偶发的暴食行为时能够客观看待。

3 个月后咨询师电话随访，当事人称目前未再暴食，体重正常，一日三餐饮食正常，少量食用零食，和同学相处融洽。

五、心理危机干预的经验

神经性贪食是一种进食障碍，目前虽然不是高校学生群体普遍存在的心理问题，但此症的患病率呈上升趋势，以女性为主。有研究表明，认知行为治疗神经性贪食症的疗效优于单纯药物治疗、支持性心理治疗和行为治疗。本案例当事人前来咨询时，虽未达到神经性贪食的诊断标准，但是已属于亚临床状态，表现为出现严重的心理问题。

本案例主要采用认知行为治疗的基本原理和程序进行。咨询师坚持用真诚、温暖、亲切的态度去积极关注当事人，运用了倾听技术、同感技术等，传达出对当事人的尊重和理解、接纳和关心，与当事人建立了信任、平等合作的咨访关系。当事人在咨询中的主动性一方面来自自身强大的想要改变的动机，另一方面可归功于良好的咨访关系。

在本案例中，当事人本身有非常强的改变动机，同时也有很强的自我觉察能力和认知能力。咨询中并未逐一对不适应行为和不合理观念进行矫正，因为当事人并非没有主动性的"错误实践者"。因此，咨询师一方面在当事人咨询初期找出其产生暴食和自引呕吐的心理原因，引导其识别不良情绪，通过具体的认知改变与行为训练，加强其对暴食与怕胖自引呕吐行为的控制；另一方面强调寻找当事人本身的优点，鼓励其积极尝试，找到并发展替代行为，不断鼓励当事人完成家庭作业，做出向目标前进的小的改变，使其有效的、积极的行为得到强化，促进当事人的个人成长。同时，使其积极争取家人、同学的支持和帮助。3个月后回访，当事人已不再暴食，没有明显焦虑、抑郁等消极情绪，能够认真对待学习，人际关系融洽，自我评价更积极，达到预期目标。

第三节　心理严重异常学生的
心理危机干预

一、当事人基本信息

罗某，男，1990 年出生，湖南人。父母均为农民，受教育较少，母亲连普通话都无法听懂。在罗某年幼时，其父母离异，分别再婚并育有其他子女，父亲将罗某委托给姑姑照顾，平时联系较少，母亲再婚后基本断绝了与罗某父子及与其相关亲戚的联系。曾复读一年，以超湖南省一本线（理科）16 分的高考成绩考入大学。平时学习表现较好，成绩却不理想，大一第一学期期末基点 2.11（全班 51 人，排名 34 名），英语不及格。入校心理调查结果显示其某些指标存在偏差，需予以关注。在其出现一系列异常行为后，学校与其家人取得联系，从中了解到罗某从小较为孤僻、偏激，很多想法和行为即使家人多次劝说也毫无改变。

二、心理危机发生的过程

罗某最后经医院确诊为精神分裂症。其从大一入校至第二年 5 月多次出现精神异常的行为，包括幻听、幻视、臆想，以及不合正常逻辑的语言和行为。以下是按照时间顺序发生在罗某身上的若干事件。

（1）始终不相信自己上当受骗

虽然校方特别提醒过学生在开学期间要警惕那些以订阅书籍、杂志为名骗取钱财的诈骗行为，但还是有极个别同学被骗，罗某就是其中之一。在对受骗的 3 名学生做思想工作过程中，其他 2 名学生均表示会吸取教训、擦亮眼睛、提高警惕，但是罗某一直都不肯承认自己受骗一事，同时还表现出对周围人的极大不信任感。

（2）独自跑到隔壁学校进行军训

军训期间，有一天上午，罗某和教官顶嘴，下午训练的时候他人就不见了。后来有人发现他跑到在隔壁学校军训的班级中训练了一下午。

（3）让人难以理解的怪异行为

①不与其他同学结伴而行，喜欢独来独往，经常戴着耳机听东西，很少参加群体活动。

②上课时总是有些异常表现。他在上上午第一节课时常常来得比较迟，只好坐在教室的最后面，或者是最前面。有一两次上课老师提问他，几次叫他名字，他都没反应。有时，他会在上课时突然站起来，在英语课上捂住耳朵。

③时常会盯着自己的掌心、画好的靶心，或看镜子中的自己，有时会在深夜发生这类行为。在出现这类行为时，他一般不理睬别人，对此其解释为在练习定力。

④常常片面地理解别人的说法，比如，某位任课老师说要博览群书，他就花很多时间在阅读课外书上，而大量减少学习学校课程的时间。

⑤班级通知的很多事情都不知道，常常晚交各种材料。班干部直接通知到他本人时，他常常当面说知道了，转眼就忘掉了，如果再次催他，他会生气。

（4）"骚扰"女同学

12 月 31 日上午，罗某的同班女同学张某找到辅导员，说自己实在受不了罗某的骚扰了，甚至想去报警。因为从 12 月 23 日晚开始，罗某就以递纸条、发短信、打电话（手机和宿舍电话）和制造见面机会等方式，向其示爱，自己向他明确表示已有男友，但是罗某依然不依不饶，这让张某不胜其烦。

罗某对此事却有不同的说法，他解释说刚开始误以为张某喜欢他，于是慢慢就喜欢上张某，后来知道张某有男友后，只是想和她做朋友，那些短信都是想把自己认为好的东西告诉张某，是为了她好。

12 月 31 日当天，在辅导员和罗某谈话后，罗某承诺以后不会再打扰张某，但是第二天张某还是会陆陆续续收到有些莫名其妙的短信，不过呈逐渐减少的趋势。

次年 2 月 28 日当晚辅导员查寝时，张某向其反映当天下午她到校后没多久就收到罗某的短信，让张某不要再骚扰他！之后又陆续有一些莫名其妙的短信。辅导员再次找到张某和罗某谈话。这次谈话后好几天罗某没有再找张某，辅导员本以为事情就到此为止，谁知，3 月 8 日早上，张某把 3 月 7 日以来罗某给她发的短信给辅导员看，其中有部分措辞非常极端，如"永别了，我的老同学"。

（5）莫名其妙的失踪

一向独来独往的罗某在 3 月 8 日上午旷课，没有人知道他去哪里了。短信不回复，手机也一直打不通。辅导员和同学四处寻找，但直到将近下午上课前，罗某才给辅导员回电话，说他已经回到学校，知道自己旷课不对，上午是有些事情想不清楚，在外面梳理思路、排解压力。

第二天，罗某在和辅导员的谈话中说自己烦心的事情主要是以下几个方面：一是对于插班生考试患得患失，既想考上，又担心失败，认为自己为了插班生考试付出了很多，要舍弃很多，如果考不上损失就更大了。二是认为班级、年级甚至整个学校的学生都没有人能够跟得上他的思路，认为自己的想法比较超前，因此也不愿意和同学交流。除此之外，他很渴望与同学融洽相处，但周围的同学他都看不上，"堕落"是他用来评价其他同学的词汇。他和其他同学之间没有什么交流，同时又极端渴望交流。最后，罗某承认自己比较敏感，常常看别人不顺眼，即使别人的言行和他根本没有关系，也会有别人歧视他的感觉。

罗某告诉辅导员自己从小到大一直都是这样，有点"另类"（这是他用来描述自己的词汇），其对大学文凭也抱着可有可无的态度，打算去创业，但具体创业事宜还没想过。据罗某的班级团支书讲，罗某常常不在宿舍，甚至有时在熄灯之后还未回宿舍。至于插班生考试，从他不重视大学英语和数学的学习（这些是插班生考试的基本内容）上看，有可能他都不知道考试范围和报考的一些信息。后来辅导员问起罗某插班生考试打算考什么学校，什么专业，怎么报名等基本信息，罗某均回答说不知道，还没想好。实际上，打算参加插班生考试的同学一般会在去年 10 月份左右就对相关的问题进行研究，并确定报考的学校、专业，可是罗某对此完全没有概念。

（6）隔门看见了持枪者

3 月 9 日凌晨 2 点左右，一阵手机铃声把辅导员惊醒，是罗某打来的电话。辅导员正要接电话时罗某却挂断了，这才发现罗某已经发了四五条短信，说自己在宿舍遇到了危险，要求帮他报警，还要求不要回短信和电话给他，因为那样会弄出声响。辅导员不知道情况怎么样，保险起见打电话给罗某室友于某了解情况，让于某观察罗某和所在宿舍的情况，于某说宿舍一切正常，但是罗某神色紧张并瑟瑟发抖，几经劝告罗某执意不肯上床休息。第二天从 9 点 10 分到 9 点 52 分，辅导员安排了与罗某的谈话。谈话中了解到罗某认为自己有"第六感觉"或者说"心灵感应能力"。每当他在书本上或者是电脑上看到一些与自己相似人物（这些人物常常是成功人士）的信息时，他的胃部附近就会有发凉的感觉，就会提醒他这些人和他很像。他常常会有一些预感，虽然他自己也承认这些预感最后都没有成为现实，但是仍然认为自己的预感是比较准确的，只是当时条件有变，没有成为现实而已。

罗某说从 3 月 8 日早上开始，其头部的右后方就有一个类似自己的声音多次说"要出事"，下午的时候，他的胃部附近又开始阵阵发凉，他非常肯定一定会有事情发生。3 月 8 日晚上大约 10 点，罗某就上床睡觉了，但是睡不着，大概是 12 点 50 分的时候他们宿舍电话铃声响了，而且一连响了好几次。罗某认为别人一般不会打宿舍电话，而且这个时候打电话很奇怪，所以他认定自己预感的事情发生了。隐约中他还听到门外有脚步声，他担心有人在门外伺机破门而入，要害他，所以也不敢接电话，只好翻身下床，握紧台灯，在角落里呈防卫状态。直到凌晨 4 点左右，天蒙蒙亮后，当他看到门外无人后（宿舍门一直是关着的，他说自己功力还不够强，不能清晰地看到预言的景象），才安心上床休息。

（7）"投毒"事件

4 月 9 日晚 10 时许，罗某打辅导员电话声称有同班同学高某投毒害他的证据，并说自己身体非常不适要去看病。罗某在电话中诉说高某是他的情敌，但是自己现在不想和他计较了，所以下午想找高某说清楚，消除误会。但是高某没有给罗某解释的机会，从图书馆一起离开时高某搭着罗某的肩膀，临分手时还诡异地对罗某笑。罗某说他被高某手部接触的肩膀附近现在非常难受，认为高某在搭他肩膀时趁机对他下了毒，还要保留衣物去有关部门做鉴定，并反复询问辅导员在哪里可以做鉴定。同时，罗某还多次强调以前老师和同学对他不信任，现在他有证据了，可以证明他周围的同学对他都怀有敌意，并处心积虑地要害他，所以他一定要去做鉴定，并考虑报警。

（8）有人要"杀我"

5 月 23 日晚 8 点左右，罗某致电辅导员说自己宿舍不安全，要求住到学校门卫的房间，辅导员问其原因，罗某不愿告知。不久后，学校门卫致电辅导员说罗某要求晚上住宿。后经辅导员与门卫劝说多时，罗某返回宿舍。辅导员马上把这一情况汇报给院系领导。回到宿舍后，罗某先去邻班宿舍借了一把水果刀，然后借用舍友电脑查询致毒物和投毒方式的信息，最后蒙着被子在宿舍走来走去，直到深夜。大约第二天凌晨 2 点，罗某多次对着窗口大喊"救命"，据对面女生宿舍的同学反映，好几个女生都被惊醒，而罗某相邻宿舍中也有多人被罗某的救命声惊醒。据罗某舍友说当时并没有什么危险情况，只是学校相邻的居民区有汽车进出，汽车停稳熄火后，罗某逐渐安静下来。5 月 24 日早晨，辅导员赶到罗某宿舍，罗某一脸倦容，当辅导员问及昨晚情况时，罗某不愿正面回答。5 月 24 日下午，罗某在学生处和浦西办的安排下，将住处从原来宿舍楼六楼搬至招待所一楼，以防止罗某在精神异常情况下坠楼身亡的危险。罗某开始同意搬宿舍的安排，但到下午 4 点左右，其精神明显不正常，告诉辅导员其生父要杀他，不管住到哪里都不安全，所以不愿意搬离宿舍。辅导员为了安抚罗某的情绪，要求他把生父为什么要杀他的原因写下来。下班后，辅导员和罗某一起到浦西心理中心，和心理中心曾老师一起看着罗某写材料。

晚饭期间，罗某开始同意辅导员帮忙打饭，后来又拒绝吃食堂打来的晚餐，理由是食物有问题。辅导员和曾老师一起边吃饭边看罗某写材料，罗某十分警觉地听外面车辆的声音，不时起身跑到窗户处看外面的情况，并多次向两位老师借刀子，说他生父马上就来学校杀他了，其神色异常紧张。突然，罗某目露凶光对还未吃完晚饭的两位老师大声呵斥："你们给我滚！滚出去！"两位老师稍有异议，罗某就威胁说要砸电脑，两位老师只好尽量拖延，直到没办法再拖延准备走出心理中心办公室时，罗某突然抢先一步拦在门口，禁止这两位老师出去。随后，辅导员趁罗某不备，以倒垃圾为名"逃脱"罗某的控制，马上把情况报告给学生处和院系领导，并一直与被困的心理中心曾老师保持联系，此时大概是晚上 6 点。

5 月 25 日，罗某已持续了两天两夜的亢奋。根据专业知识判断，罗某已经处于精神崩溃的边缘。

直至 5 月 26 日，罗某的父母到校，经辅导员、心理中心老师、校医分别介绍情况和沟通商谈后，与罗某家人一起带罗某到医院。后经两位医生确诊为精神分裂症。

三、心理危机的处理过程

大学入学开始，罗某很快被发现有一系列怪异的行为和想法，这立即引起了辅导员的关注，并向上级领导和校心理中心进行了汇报。

截至骚扰女同学事件，辅导员对罗某的评估还处于因特殊的生活成长经历而形成的怪僻性格和偏激思想，认为他存在较为严重的心理问题。

但当罗某陆续出现精神异常的行为，包括幻听、幻视、臆想以及不合正常逻辑的语言和行为后，辅导员基本判断罗某存在一定程度的精神分裂和迫害妄想。

以骚扰女同学事件为节点，之前的危机干预是按照普通的心理危机制定干预措施并实施。具体如下。

从罗某受骗事件开始，辅导员就开始留意罗某的日常表现，并与其舍友和班级同学沟通，多多观察罗某的行为。

辅导员对于罗某比较特别的行为，会在专门谈话或者某些方便的情况下尝试了解他这些行为背后的原因并给予一定的提醒。

在骚扰女同学事件后，辅导员及时向上级领导和校心理中心进行了专门汇报，并查看罗某的入学心理测试结果（某些指标严重异常），后参照专业的心理咨询技术和手段对罗某的心理危机进行的必要的干预。

罗某出现多次精神异常行为后，因罗某的家人不愿面对问题，对罗某不管不问，始终不肯到校处理罗某的问题。按照危机干预专家的判定和罗某家人的表现，学校制定了对应的精神危机干预措施并实施。具体如下。

辅导员和罗某的同学全天 24 小时密切关注罗某的言行举止和行踪，保证罗某不脱离视线。

罗某的班级同学、辅导员和校心理中心保持实时联动。如罗某有异动，马上采取相应的处理措施。学生处、心理中心、院系领导老师针对罗某做了大量的心理抚慰工作，安抚其情绪，缓解其创伤。

采用电话、短信、快递等各种方式，学生处、心理中心、院系领导老师反复与罗某的家人联系，总是在第一时间告知罗某的异常表现，晓之以理，希望罗某的家人能到校处理。

在罗某家人到校之后，学生处、学院、保卫科和校医院的领导、老师全部出席，详细介绍罗某的情况，并协助罗某家人带罗某到医院就诊。同时针对罗某的情况，特事特办，学校很快为罗某办好了因病休学的手续，还特别给予了罗某一定的经济资助。

四、心理危机干预的效果

5 月 27 日，罗某由家人带回长沙住院治疗。辅导员一直与其家人保持联系。在住院治疗几个月后，罗某情况有所好转，但还需长期服药和专人监管治疗。罗某本人表示希望早日返校复学。休学一年后，罗某的亲友帮其办理了休学延期，继续进行治疗。两年休学期结束后，因罗某的病情时常反复，罗某的母亲无限惋惜地为其办理了退学手续。据其母说，罗某平常较为正常，与常人比稍有异样，但时常会有异常举动，需终身服药和专人护理。

五、心理危机干预的经验

本例中，罗某的家在千里之外，其又生长在离异家庭，从小缺少父母的关爱。到校出现异常后，学校通过各种方式反复与其家人联系，无奈其家人始终对罗某不管不问，不愿面对问题，不肯到校处理问题。长达近三个月，罗某出现多次精神异常行为，学校上下和各个相关部门不得不通过各种方式，做了大量工作，不抛弃、不放弃，竭尽全力保护、关心罗某，保证其生命安全。

对于严重心理异常的学生，高校应坚持预防为主的原则，重视心理健康知识的普及宣传工作，充分发挥心理健康教育工作网络的作用，通过新生心理健康状况普查、心理危机定期排查等途径和方式，及时发现学生中存在的心理危机情况。学校要对有较严重心理障碍的学生予以重点关注，并根据他们的心理状况及时加以疏导和干预。应加强对患精神疾病学生康复及康复后的关注跟踪。

高校应制订心理危机干预工作预案，明确工作流程及相关部门的职责。应积极在院（系）、学校心理健康教育和咨询机构、校医院、精神疾病医疗机构等部门之间建立科学有效的心理危机转介机制。有条件的高校可在校医院设立精神科门诊，或聘请精神科执业医师到校医院坐诊。对有较严重障碍性心理问题的学生，应及时指导学生到精神疾病医疗机构就诊；对有严重心理危机的学生，应及时通知其法定监护人，协助监护人做好监护工作，并按有关规定及时将学生转介给精神疾病医疗机构。转介过程应详细记录，做到有据可查。

高校应按照有关规定做好学生心理危机事件善后工作，应重视对当事人及其相关人员提供支持性心理辅导，最大限度地减少危机事件的负面影响。应及时总结经验教训，提高师生对心理危机事件的认识以及应对心理危机的能力。

第四节　学困结业生的心理危机干预

高等学校结业生，是指具有学籍的学生学完教学计划规定的全部课程，但其中有一至二门课程（包括毕业论文、毕业设计）不及格者。结业生由学校发给结业证书，结业后可按学校的规定补考，补考合格由学校换发毕业证书。本案例讲述了一位本科结业生的心理危机干预过程。

一、当事人信息

韩某，男，1989 年生，上海人。父母均为上海人，学历不高，母亲在超市收银，父亲从事服装销售工作。韩某体型瘦弱，性格极为内向，不善言谈，几乎没有好朋友。高中时期曾有一两个好朋友，后因某些事件与他们疏远，甚至不再联系；大学时期和班级同学交往非常少，没有好朋友。在家中与父母交流较少，日常困惑等很少与父母进行沟通。本科期间，基本都是教师主动找其了解情况与谈心，其从不主动与教师沟通。喜欢看经济史、哲学方面的书籍。

二、心理危机发生的过程

韩某是 2011 届本科结业生。2011 年毕业时，其因有十多门课程未修完，只取得了结业证书。2011 年 5 月（即毕业前夕），其被诊断为轻度抑郁症，并配有药物治疗。但此后，因韩某反对，治疗中断。据了解，家族无精神病史及遗传病史。

为了在未来两年内取得本科学历证和学位证书，韩某在学校附近的小区租下了一间小房，以便返校读书。自毕业后，韩某没有主动与学院老师联系和沟通。

2012 年 12 月的某一天，辅导员突然接到韩某的电话，韩某在电话中说想和他聊聊。辅导员意识到有些不对劲，马上答应并约好见面时间。面谈中，韩某背着书包，头一直低着，情绪低落，断断续续地述说了自己的情况。他说自己没有朋友，很孤单，本科同学都毕业了，现在学校都是新面孔，更是倍感孤独。虽然在学校附近租房是为了更好地读书，可是自己要么在租的房子里睡觉，要么就是漫无边际地浏览网页，很少到教室上课，就算到了教室，也是坐在最后一排，至于教师讲什么根本听不进去，经常开小差，脑子里总是冒出一些诸如自己是个天才、已经考上了研究生等不着边际的念头。尽管意识到一定要将重修课程考试过关才行，但是控制不住自己的行为。现在，离六年学制的最后期限越来越近，自己也变得越来越焦虑。晚上难入睡，睡着了又容易醒，特别是凌晨三四点钟醒来后就再也无法入眠，觉得时间好难熬，心情糟透了，不知道该怎么办。

三、心理危机的处理过程

韩某在校期间就是辅导员的重点关注对象，辅导员曾多次找韩某谈心，对他的性格、状况都非常了解。鉴于韩某曾有轻度抑郁的病史，且这两年来他的十几门课程只通过一门，随着六年学制的最后期限越来越临近，其学习压力增加不少。辅导员认为情况十分严峻，如果处理不当可能会导致更严重的后果。辅导员在和他谈话后，马上将韩某的情况汇报给学院领导和学生处心理健康教育中心。学生处心理健康教育中心认为该生属发展性心理危机，需进行心理危机干预，并启动干预预案。辅导员就学生情况向学生处、校保卫处进行报备。

学生处心理健康教育中心针对韩某的情况，为其制定了心理咨询目标：调整心态，控制情绪，保障生命安全；建构合理的认知模式，矫正对未取得学历证书和学位证书的消极认知；学会心理自助，防止问题复发。学院第一时间与韩某家长取得联系。学院领导和辅导员告知家长韩某的倾诉内容，希望家长密切关注韩某的情绪和特殊举动，同时能理解并给予他心理上的支持，在期末考试阶段最好全程陪同韩某复习备考。

此外，针对韩某的实际情况（有十多门课程未通过考试，且含有多门高等数学课程）给出建议：诸如自学考试或函授；家长要做好韩某不能取得学历和学位证书的心理准备，并帮助韩某卸下思想包袱。家长说这两年几乎没见到韩某笑过，韩某大部分时间独自在家，还曾说觉得特别烦想要跳楼。家长表示会密切关注孩子，只要孩子健康，其他都不重要，并准备陪同孩子复习迎考。

第一次面谈中，辅导员在共情的基础上，重点给了韩某一些关于如何集中精力应对考试的建议，并同其约好一周后再次面谈。

第二次面谈，韩某依然情绪低落，沉默的时间更多了。辅导员询问了韩某在第一次谈话后的生活、学习、睡眠情况，韩某说还是睡不好，经常做梦，但没有谈到父母准备陪同复习的事情。询问他是否有能力通过课程考试，他沉默了很久没有回答。辅导员和他分析了自身学业状况，问他是否想过通过努力仍不能在规定时间内修完重修课程后怎么办，他依然沉默。期末考试结束后，韩某并没有如期出现。于是，辅导员向他打电话了解期末考试情况，他感到考得一般，不知道是否可以通过。成绩公布后，辅导员再次向他打电话了解情况，得知其期末考试只通过了一门课程，情况不太好。辅导员询问他是否准备放弃，他说不放弃。辅导员提示社会上有很多发展不错的人其实并不是高校学生，文凭并不是特别的重要，关键得看个人能力，如果自己始终过不了那道坎，那么是不是可以通过自学考试或函授取得本科文凭，他只是沉默以对。辅导员点到为止，鼓励他在家好好准备补考，如果需要帮助可以联系。寒假里，韩某还让家长请辅导员帮忙找家教辅导高等数学。辅导员也帮忙介绍了家教老师。

第二学期补考结束，韩某一门课程都没通过，因韩某租的房子已退，辅导员再次打电话约见韩某。辅导员问韩某有什么打算，韩某说准备先找份工作做着。整个过程，辅导员始终与韩某家长保持联系，互通信息。

四、心理危机干预的效果

两个月后，辅导员又联系韩某和其家长。韩某表示他接受了不能拿到学历和学位证书的现实，已经投了几次简历，并且有一些面试，虽然还没找到工作，但是定位比较准确，并且准备自考上海财经大学会计学专业。

五、心理危机干预的经验

在本案例中，由于校方反应快速、处理得当，让韩某能及时得到帮助，有效地预防了不良后果的出现，为以后开展心理危机干预工作提供了宝贵经验。

第一，及时实施危机干预非常重要。在本案例中，韩某一直处于内心不安、紧张、失眠的状态中，如果不能及时处理他的这些危机反应，很可能会对其造成严重的影响。因此，抓住危机干预的时机，进行有效的干预，可以缩短当事人心理恢复期，减轻事件造成的心理伤害程度。

第二，制订心理危机干预预案。危机事件发生后，对有关人员的有效干预可减少危机事件对其造成的心理创伤。在出现心理危机事件时，应及时启动心理干预预案，对突发问题进行有效应对和处理。在危机干预过程中，要做到信息通畅、工作到位、协调配合、记录备案、责任追究。在本案例的整个危机事件的发生、发展过程中，校院始终与韩某保持着紧密联系，并和家长建立起通畅的沟通渠道，协商问题处理对策。因此，制订心理危机干预预案，抓住时机对目标进行有效干预，对保障高校学生心理健康具有十分重要的意义。

第三，高等学校结业生的心理健康问题有待引起人们的足够重视。一般来说，结业生存在比在校生更多的学业和精神压力，更容易出现心理健康问题。造成这样的状况，一方面是因为学生结业后就算当年的应届毕业生，不能住校，学习对其进行教育管理有一定的难度；另一方面是原来的辅导员通常会有新的工作任务，很难有充沛的精力充分关注这类学生。如何给这些结业生更多的帮助和辅导，需要多部门发挥联动效应。

第四，培养学生的健全人格。由于时间紧张，本案例只处理了韩某的学习压力问题。实际上，韩某的学习压力只是导致其出现心理危机的一个原因，在韩某身上，还有人际交往障碍、人格缺陷等诸多问题。韩某的内向与孤独使其难以将内心激烈冲撞的消极情绪向朋友倾诉或通过其他渠道释放，于是郁积于心中，造成向内产生不断增强的冲击力，以致超过心理承受力而急速滑向崩溃的边缘，导致严重的心理危机。要更好地预防心理危机的发生，辅导员需要联合多方资源，除了要及时解决应激情况，还应该注重学生健全人格的培养。

第五，辅导员要扮演好自身角色，不宜扮演心理咨询的"专业人员"。心理危机干预是一项专业性很强的工作，它不同于一般的高校思想政治教育工作。辅导员在日常的学生管理工作中主要充当思想政治教育者的角色，而不是替代专职心理老师从事心理危机的诊断和干预工作。因为辅导员如果兼具思想政治教育者和心理辅导员教师角色，会引起角色冲突。心理辅导或者危机干预要求遵循价值中立原则，而思想政治教育有明确的价值导向，两者的冲突是显而易见的。更重要的是，心理危机干预中面对的问题往往是一些严重的心理问题，甚至是精神疾病，即便是专职的心理教师面对此类的问题，也会有专业受限的情况，须适时转介给专科医生。因此，辅导员在心理危机干预中要扮演好自身角色，一定不能扮演心理咨询的"专业人员"。

参 考 文 献

[1] 陈楚瑞，耿永红.大学生心理发展与健康教育[M].大连：东北财经大学
    出版社，2011.

[2] 成梅，肖曙辉.大学生心理健康教育[M].湘潭：湘潭大学出版社，2009.

[3] 桂捷.高校德育与心理健康教育研究[M].沈阳：东北大学出版社，2018.

[4] 黄晞建，朱健.高校心理健康教育理论与实践[M].上海：上海交通大学
    出版社，2015.

[5] 李龙，李晨光，陈恒英.大学生心理健康教育[M].重庆：重庆大学出版社，
    2018.

[6] 刘婧.网络环境下的大学生心理健康教育[M].长春：东北师范大学出版
    社，2017.

[7] 马中宝，李春青.大学生心理健康教程[M].北京：清华大学出版社，2018.

[8] 桑爱友.高校大学生心理健康教育与发展研究[M].北京：九州出版社，
    2020.

[9] 石国兴.心理健康教育新论[M].石家庄：河北人民出版社，2012.

[10] 宋专茂，大学生心理健康教育研究会.大学生心理健康教程[M].广州：
    暨南大学出版社，2006.

[11] 唐柏林.大学生心理健康教育[M].成都：四川教育出版社，2006.

[12] 唐柏林.心理咨询学[M].成都：四川教育出版社，1999.

[13] 王艳.高等教育管理与大学生心理健康教育[M].成都：电子科技大学出
    版社，2017.

[14] 吴畏.大学生心理健康[M].苏州：苏州大学出版社，2009.

[15] 杨鸣，宋建设.大学生心理健康教程[M].成都：电子科技大学出版社，

2017.

[16] 杨鑫悦.网络时代高校心理健康教育的探索与实现[M].沈阳：辽宁大学
出版社，2019.

[17] 由新华，年星，王迪，等.高校心理健康教育教程[M].北京：新华出版
社，2015.

[18] 郑日昌.大学生心理咨询[M].济南：山东教育出版社，1999.

[19] 俞国良.心育研究书系心理健康教育焦点访谈研究[M].北京：北京师范
大学出版社，2022.